POLYGLOTT on tour

Taiwan

Der Autor

Günter Whittome

studierte Sinologie, Geschichte und Sprachwissenschaft. Taiwan bereiste er zum ersten Mal 1985. Heute arbeitet er als freiberuflicher Übersetzer, Dolmetscher und Autor. Seit 2003 lebt er in Taipeh.

Das System der POLYGLOTT Sterne

Auf Ihrer Reise weisen Ihnen die Polyglott-Sterne den Weg zu den bedeutendsten Sehenswürdigkeiten aus Natur und Kultur. Für die Vergabe orientieren sich Autoren und Redaktion am UNESCO-Welterbe.

*** eine Reise wert ** einen Umweg wert * sehr sehenswert

Unsere Preissymbole bedeuten:

Hotel (DZ)		Restaurant (Hauptgericht)	
●●●	ab 4000 NT	●●●	über 400 NT
●●	1600–4000 NT	●●	120–400 NT
●	bis 1600 NT	●	bis 120 NT

Reiseplanung

Land & Leute

Unterwegs in Taiwan

Die Umgebung Taipehs, schillernde Hauptstadt zwischen Tempeln und Wolkenkratzern, bietet eine zerklüftete Küste, alte Bergwerksorte, heiße Quellen und den skurrilen Chiang-Kai-shek-Skulpturenpark.

Die Inselmitte wartet mit alten Hafenstädten wie Lugang auf, mit von Tempeln gesprenkelten Hügeln am Shihtoushan und den Bilderbuchlandschaften am Sonne-Mond-See und dem Alishan.

Echt gut!

Karten

Reiseplanung

Die Reiseregion im Überblick][Die schönsten Touren][Klima und Reisezeit][Anreise][Reisen im Land][Sport und Aktivitäten][Unterkunft

Eine der reizvollsten Landschaften Taiwans: der Sonne-Mond-See

Die Reiseregion im Überblick

»Ilha Formosa« – schöne Insel – soll ein Matrose im Jahr 1544 beim Vorbeisegeln ausgerufen haben. Dennoch ist Taiwan eines der am meisten unterschätzten Reiseziele in Asien. Wer jedoch über die von Hightech, Hektik, aber auch Tradition geprägten Häusermeere der Städte hinausblickt, bemerkt schnell die grünen Hügel, hinter denen außergewöhnliche Landschaften zwischen Strand und Hochgebirge auf den Besucher warten. Neben dem riesenhaften Nachbarn China mag Taiwan als winziger Punkt im weiten Pazifik erscheinen, doch mit 36 000 km² weist es immerhin die Größe Baden-Württembergs auf. Die Form der lang gestreckten Insel wird gern mit einem Tabakblatt verglichen, die Taiwaner ziehen hingegen lieber die Süßkartoffel, eines ihrer traditionellen Grundnahrungsmittel, zum Vergleich heran. Unter Taiwans Kontrolle liegen zudem die Inseln Kinmen (Quemoy) und Matsu direkt vor dem chinesischen Festland.

Eine Taiwan-Reise beginnt in der Regel in der Hauptstadt **Taipeh,** mit 2,6 Mio. Einwohnern unbestrittene Metropole der Insel. Neben weltbekannten Sehenswürdigkeiten wie dem Nationalen Palastmuseum oder dem Wolkenkratzer »101« locken der Kontrast zwischen Tradition und Moderne, zwischen Nachtmärkten und Nightlife. Von Taipeh lassen sich außerdem schöne Tagesausflüge und mehrtägige Touren zu Zielen im **Norden** unternehmen: ob zum Baden an die Nordküste, zu heißen Quellen im Nationalpark Yangmingshan, zur Atayal-Siedlung

Wulai, zu chinesischer Gartenkunst in Banciao oder zum Kennenlernen der Teekultur in Pinglin oder Jioufen.

Mitteltaiwan bietet verschiedene Klimazonen und jene Vielfalt, die das Land auszeichnet: von Ananas über Tee bis zu Zwetschgen – ein wahrer Garten Eden. Landschaftliche Reize und kulturelle Sehenswürdigkeiten wechseln sich ab. Die buddhistischen Tempel von Shihtoushan, die Kultur der Hakka-Volksgruppe in Beipu, das kulturelle Zentrum der alten Hafenstadt Lugang und der bedeutende Mazu-Tempel in Beigang gehören dazu. Am Sonne-Mond-See oder in den Hochgebirgslandschaften des Alishan wird chinesische Landschaftsmalerei buchstäblich mit Händen greifbar.

Während die Ebene im Westen flach ins Meer ausläuft, fällt die Küste im **Osten** vom parallel verlaufenden Zentralgebirge steil zum Pazifik ab. Die berühmte Küstenstraße von Suao nach Hualien führt zu den dramatischen Klippen von Cingshuei. Von Hualien wiederum ist es nicht weit zur weltberühmten Taroko-Schlucht, einer beeindruckenden Naturszenerie aus Marmor und Granit mit fast senkrecht abfallenden Felswänden. Südlich davon prägen die Küste – praktisch ein einziger langer Strand –, das Küstengebirge und das weite East Rift Valley im Hinterland das Bild.

Taiwans **Süden** folgt einem gemächlicheren Rhythmus als der hektische Norden. Die alte Inselhauptstadt Tainan lockt mit vielen historischen Sehenswürdigkeiten und Tempelatmosphäre, während man in Kaohsiung, Taiwans zweitgrößter Stadt, den bedeutendsten Hafen des Landes erleben kann. Weiter südlich laden charmante Kleinstädte wie Hengchun zu einem Besuch ein, nicht weit davon verspricht der Kending-Nationalpark Badespaß in tropischer Umgebung und Wassersport jeder Art. Landeinwärts von Tainan gewährt in den Bergen um Meinong das Hakka-Volk einen Einblick in seine Kultur, und wer von Tainan den South Cross Island Highway Richtung Taitung hochfährt, wird mit grandiosen Ausblicken über das Zentralgebirge belohnt. Der Südosten um Taitung ist stark von der Kultur der Ureinwohner der Paiwan, Puyuma und Ami geprägt. Neben der Erkundung von archäologischen Attraktionen und heißen Quellen bieten sich hier auch Ausflüge zur Grünen Insel und zur Orchideeninsel im Pazifik an.

Die schönsten Touren

Taiwan für Einsteiger – eine Woche

–①– Taipeh › Yangmingshan › Jinshan › Yeliou › Keelung › Jioufen › Jiaosi › Nanfang'ao › Cingshuei-Klippen › Taroko-Schlucht › Taipeh

Distanzen:

Taipeh › Yangmingshan 25 km; **Yangmingshan › Jinshan** 23 km; **Jinshan › Yeliou** 7 km; **Yeliou › Keelung** 17 km; **Keelung › Jioufen** 15 km; **Jioufen › Jiaosi** (via Nordostküste) 73 km; **Jiaosi › Nanfang'ao** 38 km; **Nanfang'ao › Cingshuei-Klippen** 69 km; **Cingshuei-Klippen › Taroko-Schlucht** (Tiansiang) 31 km; **Taroko-Schlucht › Taipeh** 170 km

Verkehrsmittel:

Am praktischsten mit dem Mietwagen. Busverbindungen von Taipeh nach Jinshan (Royal Bus), entlang der Küste sowie per Bahn z.B. von Cidu bei Keelung oder Yilan per Taroko-Express bis Hualien. Von dort Bustour zur Taroko-Schlucht.

Auf dieser Tour lernen Sie in wenigen Tagen die große Vielfalt des Landes kennen. Lassen Sie sich zwei bis drei Tage Zeit für ***Taipeh** › S. 57 und seine Sehenswürdigkeiten. Dann geht es aus der Stadt Richtung ****Nationalpark Yangmingshan** › S. 71, eine bis zu 1120 m hohe Bergregion mit exotischen Blumen, Bambushainen, Baumfarnen und heißen Quellen. Jenseits davon erreichen Sie den Fischereiort **Jinshan** › S. 72 an der Nordküste, nicht weit davon die bizarren Kalksteinformationen von ***Yeliou** › S. 72. Taiwans zweitgrößte Hafenstadt **Keelung** › S. 70 mit Befestigungsanlagen aus dem 19. Jahrhundert hoch über der Stadt und dem berühmten Tempel-Nachtmarkt bietet sich für die Übernachtung an. In den Zwillingsorten ****Jioufen** und **Jinguashih** › S. 72 finden Sie Teehäuser und ein ehemaliges Bergwerk mit weiten Ausblicken über die zerklüftete Nordostküste. An der Ostseite der Insel locken Strände und die Spa-Hotels von **Jiaosi** › S. 76 zum Ausspannen und Übernachten.

Ein schöner Zwischenstopp auf dem Weg nach Süden ist der Fischereihafen **Nanfang'ao** › S. 103 mit der Gelegenheit, fangfrische Meeresfrüchte zu genießen. Der restliche Tag steht ganz im Zeichen der be-

Hort reicher Kunstschätze: das Nationale Palastmuseum bei Taipeh

rühmten **Su-Hua-Küstenstraße › S. 103**, die der Pazifikküste folgend bis zu den 1000 m hohen ***Cingshuei-Klippen** › S. 103 kurz vor Hualien führt. Bald nach den Klippen biegt man landeinwärts ab und gelangt durch die grandiose *****Taroko-Schlucht** › S. 105 mit ihren Felswänden aus Marmor und Granit, die Hunderte Meter über den tosenden Liwu-Fluss aufragen, nach Tiansiang. Nehmen Sie sich am letzten Tag Zeit, um die Schlucht auf ihren Haupt- und Seitenpfaden ausgiebig zu erkunden. Zurück nach **Taipeh** geht es wieder über die Su-Hua-Küstenstraße und ab Suao auf dem kurzen Weg über die Autobahn 5.

Taiwan für Entdecker – zwei bis drei Wochen

–2– Taipeh › Taroko-Schlucht (wie Tour 1) › Sonne-Mond-See › Alishan › Chiayi › Beigang › Tainan › Kaohsiung › Kending › Taitung › Hualien › Taipeh

Distanzen:

Taipeh › Taroko-Schlucht (Tiansiang) ca. 300 km; **Taroko-Schlucht › Sonne-Mond-See** 140 km; **Sonne-Mond-See › Alishan** 110 km; **Alishan › Chiayi** 67 km; **Chiayi › Beigang** 25 km; **Beigang › Tainan** 85 km; **Tainan › Kaohsiung** 50 km; **Kaohsiung › Kending** 110 km; **Kending › Taitung** 160 km; **Taitung › Hualien** 193 km; **Hualien › Taipeh** 170 km

Verkehrsmittel:

Mit dem Mietwagen. Durch Teile des Zentralgebirges gibt es keine durchgängigen öffentlichen Verkehrsmittel.

Diese Route setzt die Tour 1 ab dem oberen Ende der ***Taroko-Schlucht › S. 105 in Tiansiang fort. Etwas Unternehmungslust gehört zu dieser Reise schon dazu. Dafür erleben Sie nicht nur weitere Hauptsehenswürdigkeiten Taiwans, sondern erhalten bei der Fahrt quer durch das Zentralgebirge einen intensiven Eindruck von der Berg- und Naturwelt der Insel.

Vom Central Cross Island Highway zweigt ca. 60 km westlich von Tiansiang die neue Provinzstraße 14 A nach Süden ab. Sie zählt zu den schönsten Strecken des ganzen Landes und führt den Gebirgskamm entlang in Höhen bis zu 3275 m, sodass spektakuläre Ausblicke garantiert sind. Unweit der Straße erhebt sich der Hehuanshan (3417 m), im Winter ein beliebtes Ausflugsziel von Einheimischen, um einmal echten Schnee zu erleben. Durch Wälder und über Bergwiesen, vorbei an Farmen und Teeplantagen windet sich die Straße hinunter in die Stadt Puli, von wo Sie auf der P 21 nach 20 km die Bilderbuchlandschaft des **Sonne-Mond-Sees › S. 93, des größten Sees Taiwans, erreichen. Dort lohnt ein Aufenthalt von einem ganzen Tag, den Sie mit einer Bootsfahrt, der Aussicht von den Pagoden auf den umliegenden Hügeln und einem Besuch des nahen Aboriginal Culture Village verbringen können. Wegen der vielen Reisegruppen sind Wochenenden oder Feiertage allerdings möglichst zu meiden.

Die P 21 führt anschließend weiter durch ein vom Ureinwohnervolk der Bunun besiedeltes Gebiet mit uralten Zypressenwäldern, bevor man am Tataka Visitor Center den Ausgangspunkt für die Besteigung des höchsten Bergs von Taiwan, des Yushan 玉山 (*Yùshān*, Jadeberg, 3952 m), erreicht und reichlich Gelegenheit bekommt, die 3000er-Gipfel des Jadegebirges zu bestaunen. Richtung ***Alishan › S. 96 tauchen

Taifune

Als Taifune (aus dem Chinesischen: »große Winde«) werden tropische Wirbelstürme bezeichnet, die von Juli bis September auf Taiwan treffen können. Sie entstehen in den Weiten des Nordpazifiks und wandern westwärts. In der Regel streifen sie Taiwans Osten und Norden und ziehen nach China oder Japan weiter. Schäden entstehen nicht nur durch starke Windböen, sondern auch durch heftige Niederschläge in kurzer Zeit, die Überschwemmungen und Erdrutsche auslösen. So brachte 2001 der Taifun Nari an einem Tag 800 mm Regen, was etwa dem deutschen Jahresdurchschnitt entspricht. Ein heraufziehender Taifun wird schon Tage vorher in den Medien angekündigt, Weg und Stärke werden genau verfolgt, sodass niemand überrascht wird. Wenn sich sehr starke Taifune nähern, schließen Schulen, Behörden und Geschäfte für ein oder zwei Tage (nicht aber die 24 h geöffneten Convenience Stores wie 7-11 u.a.). Bei einem Taifun ist es verboten, mit dem Auto an die Küste zu fahren.

Der Mazu-Tempel in Beigang

mitunter Formosa-Makaken an der Straße auf. Wenn das Wetter mitspielt, wird Sie der Sonnenaufgang hier verzaubern. Derart beeindruckt und immer das Wolkenmeer in den Bergen im Blick geht es nun allmählich hinunter in die Ebene Südtaiwans nach **Chiayi** › S. 96. Die Stadt ist Ausgangspunkt für einen Ausflug nach **Beigang** mit einem der bedeutendsten ****Mazu-Tempel** › S. 98 Taiwans. Einer der kulturellen Höhepunkte der Reise ist in ****Tainan** › S. 115 erreicht, der alten Inselhauptstadt, die als »Stadt der Tempel« mit ihren vielen Kulturdenkmälern einen Aufenthalt von ein bis zwei Tagen lohnt - kosten Sie unbedingt die gerühmte Vielfalt traditioneller Snacks.

Richtung Süden bietet sich kurz vor Kaohsiung ein Abstecher nach **Foguangshan** › S. 128 an, dem »Berg des Buddhaglanzes« und größtem Kloster Taiwans. In der Metropole Süd-Taiwans, ***Kaohsiung** › S. 121, können Sie vom ehemaligen britischen Konsulat aus dem 19. Jh., dem bombastischen Tuntex-Tower oder von der vorgelagerten Ausflugsinsel Cijin aus die Atmosphäre von Taiwans größter Hafenstadt genießen. Das Kontrastprogramm dazu bildet die größte frei lebende Makaken-Kolonie des Landes im nahe gelegenen Waldgebiet von **Chaishan** › S. 126. Über die Provinzstraße 17 erreichen Sie in nur einer Stunde Fahrt die beste Adresse des Südens, um frische Meeresfrüchte zu genießen: Vom Fischereihafen **Donggang** › S. 131 ist auch leicht ein Ausflug zur vorgelagerten Koralleninsel **Liouciou** › S. 132 möglich. Ausreichend gestärkt geht es direkt an der Küste entlang weiter, wo man im Meeresaquarium von **Checheng** › S. 132 einen Eindruck von der bunten Unterwasserwelt Taiwans und der Tropen gewinnt. Anschließend bietet sich ein Bummel durch die Altstadt von **Hengchun** › S. 132 an, der einzigen Stadt Taiwans, in der noch alle vier Stadttore und große

Teile der Stadtmauer erhalten sind. Nur noch wenige Kilometer trennen Sie von der tropischen Südspitze bei ****Kending** › S. 133, Taiwans erstem Nationalpark und dem Hauptziel aller, die einen Badeurlaub einlegen möchten. Die folgende Fahrt an der Ostküste entlang belohnt mit weiten Ausblicken über den Pazifik, bevor man nach etwa 100 km die heißen Quellen im Waldgebiet von **Jhihben** › S. 136 und die von den Ureinwohnern geprägte Region um **Taitung** › S. 135 erreicht.

Der letzte Teil der Reise führt zu Höhepunkten der Ostküste wie der **Plattform der Drei Unsterblichen** › S. 109, einer durch eine Drachenbogenbrücke mit dem Festland verbundenen Felsinsel, und den archäologisch interessanten **Höhlen der Acht Unsterblichen** › S. 109. Anschließend geht es landeinwärts durch das malerische ****East Rift Valley** › S. 107 mit dem Küsten- und Zentralgebirge zu beiden Seiten bis **Hualien** › S. 104. Über die ****Su-Hua-Küstenstraße** › S. 103 und über die Autobahn 5 ab Suao erreicht man den Ausgangspunkt Taipeh.

Mit der Bahn durch Taiwan – zwei bis drei Wochen

③ Taipeh › Taichung › Changhua › Lugang › Chiayi › Alishan › Chiayi › Beigang › Tainan › Kaohsiung › Taitung › Hualien › Taroko-Schlucht › Hualien › Taipeh

Distanzen:

Taipeh › Taichung HSR 1 Std.; **Taichung › Changhua** TR 15 Min., **Changhua › Lugang** Bus 40 Min.; **Lugang › Chiayi** (über Changhua) Bus/TR 1½–2 Std.; **Chiayi › Alishan** Bus 2½ Std.; **Alishan › Chiayi** Bus 2½ Std.; **Chiayi › Beigang** Bus 1 Std.; **Beigang › Tainan** (über Chiayi) Bus/TR 2 Std.; **Tainan › Kaohsiung** TR 45 Min.; **Kaohsiung › Taitung** TR 3 Std.; **Taitung › Hualien** TR 2–3 Std.; **Hualien › Taroko-Schlucht** (Tiansiang) Bus 2 Std.; **Taroko-Schlucht › Hualien** Bus 2 Std.; **Hualien › Taipeh** TR 2 Std.

Verkehrsmittel:

Hochgeschwindigkeitsbahn (High Speed Rail, HSR) von Taipeh nach Taichung, zum Alishan mit dem Bus, Taiwan Rail (TR) im Süden und Osten, Bus zu abseits der Bahn liegenden Zielen, »Taroko-Expresszug« von Hualien zurück nach Taipeh. Südlich von Taichung nimmt man für die kürzeren Strecken besser die normale TR vom jeweiligen Bahnhof im Zentrum, da die HSR-Bahnhöfe von Chiayi und Tainan weit außerhalb der Stadt liegen.

Auch Bahnreisende haben die Möglichkeit, die Insel in vollem Umfang kennenzulernen. Fahrten quer über die Insel sind damit zwar nicht möglich, doch mit Ausflügen von der Hauptstrecke sind auch Höhepunkte der Bergwelt wie der Alishan und die Taroko-Schlucht leicht erreichbar.

Nach einer kurzen, bequemen Fahrt mit dem HSR von ***Taipeh** › S. 57 ist die Metropole Mitteltaiwans, **Taichung** › S. 85, erreicht. Hier kann man in die lokale Teehauskultur eintauchen und eine Übernachtung einlegen. Mit der Bahn ist es nur ein Katzensprung nach **Changhua** › S. 88, wo am Baguashan Taiwans größte *Buddhastatue thront. Mit dem Bus geht es dann weiter in die alte Hafenstadt ****Lugang** › S. 89 mit ihren vielen Kulturdenkmälern.

Auch mit der Bahn läßt sich Taiwan bequem erkunden

Das weiter südlich an der Hauptstrecke gelegene **Chiayi** › S. 96 ist Ausgangspunkt für zwei weitere Höhepunkte der Reise: die Fahrt durch das »Wolkenmeer« auf den bis zu 2489 m hohen *****Alishan** › S. 96, wo man mit etwas Glück einen spektakulären Sonnenaufgang und eine atemberaubende Aussicht auf die 3000er-Gipfel des Zentralgebirges erleben kann, und der ****Mazu-Tempel** in Beigang › S. 98, etwas weiter westlich, der zu den bedeutendsten und prächtigsten des Landes zählt. (Bedingt durch die gewaltigen Zerstörungen des Taifuns »Morakot« im August 2009 ist die bei Touristen beliebte Alishan-Bergbahn bis auf Weiteres nicht in Betrieb, doch Sie können hier auf den Bus als Alternative ausweichen.)

Südlich von Chiayi erreichen Sie die ehemalige Inselhauptstadt ****Tainan** › S. 115, die reich an historischen Kulturdenkmälern ist und einen Aufenthalt von ein, zwei Tagen lohnt. Nicht weit davon entfernt liegt ***Kaohsiung** › S. 121, Metropole des Südens und größte Hafenstadt des Landes. Auch hier sollten Sie sich etwas Zeit nehmen, mindestens für den Hafen, die Halbinsel Cijin und das Panorama vom ehemaligen britischen Konsulat. Bevor Sie den Bogen zur Ostküste schlagen, lädt noch der bedeutende Fischereihafen **Donggang** › S. 130 zu einem Besuch ein, um in einem der vielen Restaurants leckere Meeresspezialitäten zu genießen. Wer jetzt Lust auf Entspannung am Strand oder auf Wassersport verspürt, kann per Bus ab Donggang oder Fangliao in Taiwans Hauptbadeort **Kending** › S. 133 fahren und dort einen Stopp einlegen.

Eine deutlich andere Atmosphäre erwartet Sie in **Taitung** › S. 135, einer Region, die stark von der Kultur der Paiwan, Puyuma und Ami geprägt ist. Die archäologischen Stätten von **Beinan** › S. 136 und die **heißen Quellen von Jhihben** › S. 136 laden zu einem ausgedehnten Aufenthalt ein, der sich mit einem Trip auf die ***Grüne Insel** und die ***Orchideeninsel** › S. 137 noch verlängern lässt.

Die Route führt nun landeinwärts nach Norden durch die Reisanbauregion von Chihshang und das malerische ****East Rift Valley** › S. 107 bis **Hualien** › S. 104, eingerahmt vom bis zu 1500 m hohen Küstengebirge und den hoch aufragenden Gipfelketten des Zentralgebirges. Nach erholsamem Schlaf in Hualien geht es per Bus in die *****Taroko-Schlucht** › S. 105, wo man nach einer weiteren Übernachtung in Tiansiang die Schlucht in aller Ruhe erwandern kann. Zurück in **Hualien** gelangt man mit dem bequemen »Taroko Express« schnell wieder an den Ausgangpunkt der Reise, **Taipeh**.

Touren in den Regionen

Tour	Region	Dauer	Seite
Nationalpark und Nordküste	Norden	2 Tage	55
Im Südwesten Taipehs	Norden	1 Tag	56
Hügel, Tempel und Hakka-Kultur	Mitteltaiwan	2 Tage	81
Zum Riesenbuddha und in alte Städte	Mitteltaiwan	2 Tage	84
Ins Gebirge zum Alishan und nach Beigang	Mitteltaiwan	3 Tage	84
Taroko-Schlucht und Cingshuei-Klippen	Osten	2 Tage	101
Von Hualien zum East Rift Valley	Osten	2 Tage	101
Höhepunkte der Ostküste	Osten	1 Tag	102
Von Tainan in die Berge	Süden	3 Tage	111
Von Kaohsiung nach Kending	Süden	3 Tage	113
Taitung und Umgebung	Süden	2-5 Tage	114

Klima und Reisezeit

Der Wendekreis des Krebses teilt die Insel in den subtropischen Norden und den tropischen Süden. Das Hochgebirge bereichert Taiwan mit weiteren Klimazonen: Von der Ebene reicht die Palette über die gemäßigte bis zur alpinen Zone. Es fallen reichlich Niederschläge, allerdings meist innerhalb kurzer Zeit, und die Menge nimmt von Norden nach Süden ab. Regenreiche Zeiten sind Mai/Juni sowie die Taifunsaison im August/September.

Beste Reisezeiten sind Oktober und November oder März bis Mai. In diesen Monaten erreichen Hitze und Luftfeuchtigkeit geringere Werte. Die Temperaturen liegen dann zwischen angenehmen 25 und 30 °C.

Im Sommer drückt oft eine schwülwarme oder heiße Glocke (über 30 °C, Luftfeuchtigkeit 80–90 %) auf das Land. Nur in den Bergen ist es dann einige Grad kühler, allerdings muss man mit plötzlichen Wetterumschwüngen rechnen. Der Herbst ist trockener, immer noch warm und im Süden heiß genug für einen Badeurlaub. Im Winter wird es im Norden bis 10 °C kühl, unterbrochen von Tagen mit Temperaturen um die 20 °C. Im Süden ist es dagegen angenehm warm, in Kending kann sogar noch gebadet werden. Das Hochgebirge zeigt manchmal Schneekappen. Herbst und Winter sind auch die richtige Zeit, um die heißen Quellen zu genießen.

An den Wochenenden und an Feiertagen sind die Hauptsehenswürdigkeiten und beliebten Ausflugsziele meistens ziemlich überlaufen. Die taiwanischen Schulferien sind im Februar, Juli und August. Der sogenannte Geistermonat, der siebte des Mondkalenders (meist August), ist allerdings ein recht ruhiger Reisemonat, denn viele abergläubische Taiwaner reisen in dieser Zeit nicht gerne. Die Termine der meisten Feiertage richten sich nach dem traditionellen Mondkalender; die wichtigsten davon finden Sie auf › S. 45.

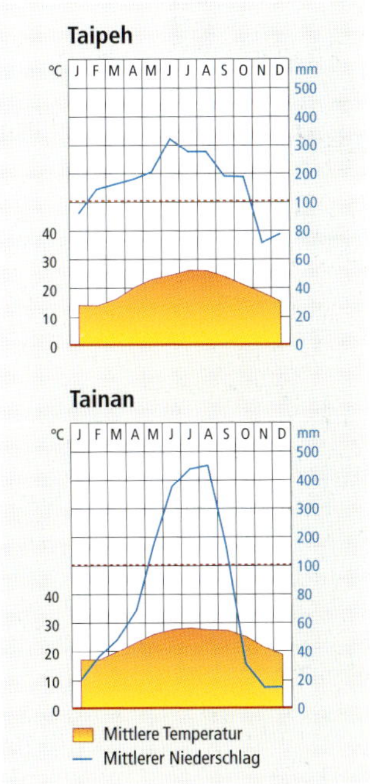

Anreise

Die meisten Besucher reisen mit dem Flugzeug über den **Taoyuan International Airport** (TPE, www.taoyuan-airport.com) ca. 30 km westlich von Taipeh ein (zwei mit Skytrain verbundene Terminals). Bequeme Reisebusse verbinden den Flughafen mit dem Stadtzentrum Taipehs in etwa 1 Std. Wer eines der größeren Hotels gebucht hat, kann sich von deren Shuttle-Bus abholen lassen. Es gibt auch Direktflüge aus China nach Taoyuan oder zu Taipehs Inlandsflughafen Songshan (s.u.). Der **Kaohsiung International Airport** (KHH, www.kia.gov.tw, mit Metro-Anbindung der KRTC) bietet Flugverbindungen nach China, Japan, Korea und Südostasien. Die taiwanische China Airlines (www.chinaairlines.de) bietet eine Nonstop-Verbindung ab Frankfurt. Die private Eva Air (www.evaair.com) fliegt non-stop ab Paris; ab Wien, Amsterdam und London über Bangkok nach Taiwan, die niederländische KLM (www.klm.com) von Amsterdam über Bangkok. Mit einem günstigen Ticket in der Economy Class kosten der Hin- und Rückflug ca. 1000 €. Pauschalreiseangebote findet man über die Website des Taiwan Tourismusbüros: www.taiwantourismus.de.

Reisen im Land

Für Touristen ist es am bequemsten, Flüge, Bahn- oder Überlandbusfahrten im Hotel oder Reisebüro zu buchen. An den Inlandsflughäfen und den großen Bahnhöfen findet man in der Regel auch Schalter mit Englisch sprechendem Personal. Besonders bei Reisen am Wochenende oder an Feiertagen sollte man ein paar Tage im Voraus buchen.

Mit dem Flugzeug

Taiwans Inlandsflugnetz umfasst Verbindungen vom Flughafen Taoyuan nach Kaohsiung und in Taipeh vom Inlandsflughafen Songshan Airport (TSA, www.tsa.gov.tw, MRT Songshan Airport) nach Hengchun bei Kending sowie nach Ost-Taiwan und zu den vorgelagerten Inseln (z.B. nach Taitung one way ca. 2000 NT).

Mit der Bahn

Die Bahn kennt keine 1. und 2. Klasse, sondern verschiedene Zugkategorien. Zu empfehlen sind die komfortablen Tzu-Chiang- oder Chu-Kuang-Züge. In der Regel kommt die normale Bahn (Taiwan Rail, TR,

Die High Speed Rail: schnellste Verbindung von Taipeh in den Süden

www.railway.gov.tw) eher für Kurz- und Nebenstrecken in Frage. Der **Hochgeschwindigkeitszug** (High Speed Rail, HSR, www.thsrc.com.tw, Telefon- und Internet-Buchung bis 1 Tag vor Fahrt) fährt in 90 Min. vom Bahnhof Taipeh nach Kaohsiung/Zuoying (345 km, 1490 NT), mit Stopp in Taichung. Bei Stopps auch in Banciao, Taoyuan, Hsinchu, Chiayi und Tainan braucht er 2 Std. Es gibt einen Waggon der Business-Klasse (1950 NT bis Zuoying) und einen behindertengerechten Waggon. Der Pendolino-Zug »Taroko-Express« fährt in 2 Std. von Taipeh nach Hualien. Wenn Sie es sich bequem machen wollen, können Sie bei den großen Reisebüros Lion Travel (www.liontravel.com) oder Eztravel Bahnreisen buchen, z.B. mehrtägige **Inseltouren im Luxuszug Formosa Star**. Echt gut!

Mit dem Bus

Ein dichtes Netz von günstigen, luxuriösen Fernbussen verbindet alle großen und mittelgroßen Städte. Die größten Anbieter sind Kuokuang (Kingbus), FreeGo, Ubus oder Dragonbus. Die Start- und Endhaltestellen befinden sich in den größeren Städten meist nahe dem Hauptbahnhof. Die weiß-gelben TourTaiwan-Busse verkehren auf 22 Strecken zwischen HSR- u.a. Bahnhöfen und vielen Haupt-Sehenswürdigkeiten (www.taiwantrip.com.tw). Es gibt auch organisierte englischsprachige Bustouren (www.taiwantourbus.com.tw, Tel. 0800-011 765).

Mit dem Auto

Wer maximale Flexibilität möchte, kann Taiwan mit dem Auto selbst entdecken. Man benötigt dafür nur einen internationalen Führerschein. Internationale Vermieter sind bisher nicht vertreten, sodass man auf lokale Anbieter angewiesen ist: z.B. **Easyrent** (Tel. 0800-024 550, www.

Eigentlich nicht erlaubt ...

easyrent.com.tw) am Flughafen Taoyuan (Terminal 1), in den größeren Städten und HSR-Bahnhöfen. Pkw gibt es ab etwa 60 €/Tag bzw. 350 €/Woche, mit englischsprachigem Chauffeur kostet es ca. das Doppelte. Andere Anbieter sind **Car Plus** (Tel. 0800-222 568, www.car-plus.com.tw; vom Flughafen nächstgelegene Station am HSR-Bahnhof Taoyuan) und **Chailease** (Tel. 02-2828-0033, www.rentalcar.com.tw).

Die mautpflichtigen Nord-Süd-Autobahnen sind gut ausgebaut. Im Allgemeinen ist der Straßenzustand in Taiwan gut. Nur Straßen in den Bergregionen sind durch Erdbeben und Erdrutsche gefährdet, sodass manche Abschnitte zeitweise gesperrt sind.

Öffentlicher Nahverkehr

Taipeh besitzt ein ausgezeichnetes **U-Bahn-Netz (MRT),** in dem sich ausländische Besucher gut zurechtfinden. Auch in Kaohsiung gibt es ein neues Netz mit zwei Linien (dort KRT genannt).

Praktisch sind die sehr preiswerten **Taxis.** Allerdings verstehen nur die wenigsten Taxifahrer genügend Englisch. Man sollte sich daher den Zielort oder die Adresse in Schriftzeichen aufschreiben lassen.

Für Fahrten mit dem **Bus** sind Chinesischkenntnisse erforderlich, auch gute Ortskenntnisse sind hilfreich.

Hinter dem Steuer

Achtung: Ein roter Streifen am Straßenrand bedeutet absolutes Halteverbot, ein gelber Streifen eingeschränktes. In Städten, auf Autobahnen und größeren Landstraßen sind Ortsangaben meist auch in lateinischer Umschrift angegeben. Radarfallen sind häufig, auch auf Landstraßen. Die Höchstgeschwindigkeit ist auf Autobahnen (A: »Freeway«, grüne Schilder) 90–110 km/h, auf Landstraßen (P: Provinzstraßen, blaue Schilder; K: Kreisstraßen und G: Gemeindestraßen, weiße Schilder) 70 km/h, in Ortschaften 40 km/h. Autobahnen sind mautpflichtig, ein Abschnitt (30–40 km) kostet 40 NT (Bezahlung mit an Tankstellen erhältlichen Bons oder bar). Bei Nebenstrecken folgt auf die Straßennummer das Zeichen 甲 oder 乙 (bedeuten »A« bzw. »B«).

Die Promillegrenze liegt bei 0,25! Mit 0,5 Promille riskieren Sie sogar eine Haftstrafe von zwei Monaten! Es gilt Rechtsverkehr.

Sport und Aktivitäten

Schon ab 5 Uhr früh betätigen sich viele Einheimische auf Plätzen oder in Parks beim Tai-Chi; ihnen kann man sich gerne anschließen. Doch die Insel bietet mit ihren Bergen, üppigen Wäldern, tief eingeschnittenen Tälern und reißenden Flüssen auch sonst reichlich Raum für körperliche Betätigung. Lange Küsten und warmes, im Süden tropisches Klima laden zum Wassersport, die heißen Quellen zum Entspannen ein (s. Special »Heiße Quellen« › S. 74).

Wandern und Bergsteigen

Rund um die Ausflugsziele im Landesinneren gibt es ausgewiesene **Wanderwege,** in der Nähe Taipehs vor allem im Nationalpark Yangmingshan › S. 71. Einige sind alte Handelspfade der Ureinwohner (»Old Trails«). Sie bieten eine ausgezeichnete Möglichkeit, die vielfältige Vegetation kennenzulernen. Steigungen sind oft in Form von Treppen erschlossen. In der warmen Jahreszeit kann Wandern eine schweißtreibende Angelegenheit sein: Sonnenschutz, Hut und ein ausreichender Trinkvorrat sind unerlässlich, ebenso festes Schuhwerk. Die Wege sind nach Regenfällen mitunter sehr rutschig. Es empfiehlt sich, in der freien Natur zum Schutz vor Insekten lange Kleidung zu tragen und Mückenmittel dabei zu haben.

!! Da es auch einige giftige Schlangen gibt – etwa die grüne Bambusschlange –, sollte man die Wege nicht verlassen und akustisch vernehmbar marschieren. Im Notfall haben auch kleine Krankenhäuser bei einem Schlangenbiss Antiseren der verbreiteten Giftschlangen vorrätig.

Im Hochgebirge muss man auf plötzlich eintretende Wetterumschwünge eingestellt sein. Der Zugang zu entlegenen Bergen und Gebieten der Nationalparks (außer Yangmingshan) ist häufig reglementiert. Den Mountain Pass Typ B bekommt man gegen Vorlage des Reisepasses in einer Polizeistation am Rande der Gebiete. Den Mountain Pass Typ A für Gebiete mit eingeschränktem Zugang (alle Bergregionen über 3000 m) erhält man z.B. bei der **ROC Alpine Association** (10 F, No. 185, Zhongshan N. Rd., Sec. 2, Taipeh. Für Yushan 1–2 Monate, für andere Gipfel ca. 2 Wochen

Wanderweg in der Taroko-Schlucht

Ein Paradies für Taucher und Schnorchler: der Nationalpark Kending

im Voraus kontaktieren: taiwan.walking@msa.hinet.net) oder über andere Tourveranstalter (s.u.). Englischsprachige Bergführer können für 4-5000 NT pro Tag plus Spesen engagiert werden.

Zum **Klettern** bieten sich vor allem das Gebiet des Yushan, der Sheipa-Nationalpark oder das Syueshan-Massiv (Schneeberge) an. Leichte Klettertouren ohne Genehmigung sind im Landschaftsschutzgebiet Nordostküste bei Longdong möglich.

Ein westlich-taiwanischer Veranstalter, der für Einzelreisende und Gruppen organisierte Touren durch Taiwans Berge und Naturbeobachtung anbietet, ist z.B.:

■ **Barking Deer**
Richard Foster][PO Box 1452
Tainan
Tel. 0938-337 710
www.barking-deer.com

Radwandern

Auf Mountainbikes (in Taiwan schon ab 100 € zu kaufen) kann man an den Küstenabschnitten oder in den Bergregionen teils auf Straßen, teils auf Pisten die Landschaft entdecken. Ein Helm gehört zur Mindestausstattung. In der Umgebung von Taipeh, z.B. in Richtung Danshuei, beim Sonne-Mond-See › S. 93 und im East Rift Valley › S. 107 entstehen zunehmend ausgewiesene Radwege. Bei bekannten Ausflugszielen kann man Fahrräder mieten. Ein englischsprachiger Veranstalter von Radtouren (meist ab vier Personen) u.a. Outdoor-Aktivitäten ist:

InMotionAsia
Cam McLean, Neihu Rd., Sec. 1, Lane 1, Alley 3, No. 7, 1F
Taipeh
Tel. 02-2627 4197
www.inmotionasia.com

Rafting auf dem Siouguluan

Wassersport

Rund um die Insel gibt es zahlreiche erschlossene **Strände,** in der Nähe Taipehs sind dies Jinshan Beach, Yanliao Beach, Green Bay (Feicueiwan) Beach oder weiter östlich Fulong Beach und Honeymoon Bay. Die Ostküste südlich von Hualien ist praktisch ein einziger langer Strand. Beliebt sind die Strände im Nationalpark Kending, einem wahren Tropenparadies an der Südspitze Taiwans, auf den Inseln Baisha und Jibei im Penghu-Archipel sowie auf der Grünen Insel.

Zum **Schnorcheln** und **Tauchen** eignet sich im Sommer die Nordküste. Das ganze Jahr über kann man in Kending mit seinen Korallenriffen oder auf der Orchideeninsel und Grünen Insel tauchen, wo Schulen auch Ausrüstung verleihen (z.B. **Green Island Adventures,** mit Gästehaus, Eddie Viljoen, Boutique Hotel, Chaiko, Lyudao, Tel. 0972-065 479, www.greenislandadventures.com). An manchen Stränden wie Kending und Honeymoon Bay ist **Surfen** möglich (Infos unter www.spidersurfing.com), zum **Segeln** bieten sich die Penghu-Inseln mit neuen Sportboothäfen an (Auskunft erteilt die **Chinese Taipei Sailing Association,** Zhulun St., No. 20, 9 F, Taipeh, Tel. 02-8771 1442).

! An überwachten Stränden ist nicht selten das Tragen von Schwimmwesten Pflicht, und man muss sich innerhalb markierter Abschnitte bewegen. An der Ostküste gibt es weniger Beschränkungen. An den nicht überwachten Stränden sollte man sich nicht weit vom Ufer entfernen, da das Wasser schnell tief zum Pazifik abfällt. Es gibt gefährliche Strömungen!

Golf

Golf ist ein boomender Modesport. Neue Plätze sind am Rande der Städte entstanden, viele bieten auch eine Gastmitgliedschaft an. Infos bei **Chinese Taipei Golf Association,** Nanjing E. Rd., Sec. 2, No. 125, 12 F, Taipeh, Tel. 02-2516 5611, und auf der Website www.golftoday.co.uk/clubhouse/coursedir/world/taiwan/index.html.

Special

Unterwegs mit Kindern

Ist man im familienbewussten Taiwan schon generell sehr freundlich zu Kindern, so gilt die Aufmerksamkeit umso mehr »exotischen« ausländischen Kindern. In manchen Restaurants gibt es Kindermenüs und für die ganz Kleinen stehen fast immer Hochstühle bereit.

Kinder genießen in Bussen und Bahnen sowie in vielen Museen und ähnlichen Einrichtungen freien bzw. ermäßigten Eintritt, der sich in der Regel nach der Körpergröße richtet (Markierungen bei 115 bzw. 145 cm). In den Zügen von HSR (»ICE«), TR (Bahn) und MRT (U-Bahn/Bus): gratis unter 115 cm bzw. unter 6 Jahren (HSR und TR nur, wenn sie keinen Sitzplatz beanspruchen, bei HSR und MRT max. für 2 Kinder); halber Preis sofern unter 145 cm bzw. unter 12 Jahren.

Kultur und Kreatives

Religiöse Feste und Umzüge sind für jeden Touristen eine besondere Attraktion; mit ihrer Farbenpracht, der Musik und den Tänzen bieten sie auch Kindern ein kurzweiliges Vergnügen, solange man sie im oft dichten Gedränge nicht aus den Augen lässt (**Festkalender** › S. 45).

In der **Dadaocheng Puppet Hall** in Taipeh › S. 59 haben Kinder jede Menge Spaß – besonders bei den Vorführungen (oft Samstag nachmittags), daneben erfahren sie auch einiges über Taiwans Volkskultur. Die **Childrens' Gallery** im Palastmuseum › S. 68 vermittelt Zugang zur klassischen chinesischen Kunst. In Yingge kann man im **Keramikmuseum** › S. 78 oder in den Geschäften der Old Street selbst kreativ werden und z.B. etwas töpfern.

Tiere und Natur

Der riesige **Zoo von Taipeh** › S. 70 bietet außer den beliebten Tierarten einen Einblick in Taiwans endemische Tierwelt: Säugetiere, Schlangen, Vögel, Schmetterlinge und Insekten, die es nur hier gibt. Ab dem Frühsommer lassen sich prächtige Schmetterlinge auch in freier Natur beobachten (z.B. im **Yangmingshan NP** › S. 71 oder in **Maolin** › S. 130). Noch aufregender wird es, wenn man den Formosa-Makaken in freier Wildbahn begegnet (z.B. **Chaishan** bei Kaohsiung › S. 126 oder im Zentralgebirge an der P 21 bzw. P 18 zwischen Tataka und **Alishan** › S. 96). So lustig diese Affen sind, sollte man einen Sicherheitsabstand wahren und sie nicht füttern! Die große Attraktion des Meeresaquariums ganz im Süden bei **Checheng** › S. 132 ist die bunte Tierwelt der Korallenriffe und tropischen Gewässer.

Spaß zu Lande und zu Wasser

Entlang der Nord-Süd-Autobahnen weisen Schilder auf verschiedene Themen- und Vergnügungsparks hin, wo sich die Kinder austoben können. Erwähnenswert ist besonders das **Window on China** bei Longtan, südlich von Taoyuan. Neben allen Attraktionen eines Rummelplatzes kann man Miniaturnachbildungen berühmter Sehenswürdigkeiten aus Taiwan, China und anderen Weltgegenden bestaunen. Der **Farglory Ocean Park** an der Küste etwas südlich von Hualien legt dagegen den Schwerpunkt auf Spaß rund um und mit dem Wasser.

■ **Window on China**
Henggangsia 60-2
Gaoyuan Village][Longtan Township
www.woc.com.tw
Eintritt für Kinder 499 NT, unter 115 cm oder 6 Jahren 399 NT; tgl. 9–17 Uhr, Sa u. So bis 18 Uhr, Juli u. Aug. bis 20 Uhr

■ **Farglory Ocean Park**
Fude Rd. 189
Yanliao Village][Shoufong Township
Eintritt 890 NT, unter 18 Jahren versch. Ermäßigungen, unter 100 cm frei, tgl. 9.30–17 Uhr. Sa u. So ab 9 Uhr.

Für Badespaß am Meer geeignet sind besonders die Strände **Green Bay** im Norden, **Fulong** › S. 73 oder **Honeymoon Bay** › S. 76 im Nordosten, **Kending** › S. 133 im Süden oder auf den **Penghu-Inseln** › S. 99 und der **Grünen Insel** › S. 137. Vor allem im Sommer auf Sonnenschutz achten! In der kühleren Jahreszeit haben auch Kinder großen Spaß an den **heißen Quellen** › S. 74, solange man für sie die gut temperierten Becken auswählt und sie nicht zu lange drinbleiben.

Unterkunft

Taiwan bietet Hotels und Unterkünfte in allen Kategorien, von internationalen Luxushotels bis zu Jugendherbergen. Die Oberklasse ist in den Großstädten Taipeh, Taichung und Kaohsiung gut vertreten; Strand resorts findet man vor allem ganz im Süden in der Umgebung von Kending. Außerhalb der Metropolen gibt es eher wenige internationale Hotels, allerdings sind an beliebten Orten wie am Sonne-Mond-See in den letzten Jahren einige schöne Resorts entstanden.

Hotels und Motels

Die **Luxushotels** liegen meist im Zentrum der Großstädte und richten sich mit Business Centers, Läden, Wellness- und Fitnesszentren vor allem an den Bedürfnissen der Geschäftsreisenden aus. Hier findet man zuverlässig Englisch sprechendes Personal. Auch ihre chinesischen und westlichen Restaurants gehören meist zu den besten der jeweiligen Stadt. Zu den Zimmerpreisen kommt in der Regel eine Servicegebühr von 10 % hinzu. Auf die ausgezeichneten Preise gibt es häufig erhebliche Rabatte - fragen lohnt sich!

Daneben gibt es zahlreiche günstige **lokale Hotels** mit schlichten, aber stets sauberen Zimmern. Eine weitere Möglichkeit sind an den Autobahnen oder großen Landstraßen gelegene, oft sehr luxuriöse

Ein Wahrzeichen Taipehs: das Grand Hotel am Keelung River

Motels, der Übergang zum Rotlichtgewerbe ist dort allerdings manchmal fließend. Das Personal außerhalb der größeren Städte spricht selten Englisch.

Jugendherbergen

Das Youth Guest House Network (www.youthtravel.tw/youthguesthouse/) bietet preiswerte Unterkünfte mit Zwei- und Mehrbettzimmern im ganzen Land, ebenso die 16 Youth Activity Centers und Hostels des Jugendverbands der Kuomintang-Partei (www.cyh.org.tw). Besonders schön ist die im traditionellen Stil erbaute Anlage in Kending.

Privatquartiere

An den Hauptausflugszielen gibt es auch **private Pensionen,** sogenannte *mín sù* 民宿 (»Volksunterkünfte«). Sie sind nicht selten liebevoll eingerichtet und bieten einen besonders persönlichen Service. Manche werden von lokalen Künstlern betrieben, die sich auf diese Weise ein Zubrot verdienen.

In den landschaftlich reizvollen Siedlungsgebieten der Ureinwohner entwickelt sich allmählich ein sanfter Tourismus, der zur Verbesserung der sozialen Lage beiträgt. Die Architektur der Familienpensionen nimmt häufig Stilelemente der lokalen Kultur auf. Eine Übersicht über die touristisch erschlossenen Ureinwohnerdörfer findet man im Internet auf der Website www.apc.gov.tw (dann Menüpunkte »English« und »Travel«).

Echt gut!

Entspannen in Taiwans Spa-Hotels

- Modernes und luxuriöses Planschen in öffentlichen Außenbecken und privaten, z.T. sehr luxuriösen Indoor-Pools bietet das **Spring City Resort** in Taipehs nördlichem Vorort Beitou. › S. 65
- Freie Sicht auf die grünen Hügel des Yangmingshan Nationalparks genießt man während des entspannenden Bads im **Spa Resort Ye Lin,** einer im Thai-Stil eingerichteten Anlage mit einem Thai-Restaurant bei Beitou. › S. 69
- Eines der wenigen noch erhaltenen Bäder in traditioneller japanischer Holzbauweise und mit idyllischem japanischem Garten, ist das **Whispering Pine Inn,** ebenfalls in Taipeh/Beitou. › S. 75
- Im **Reikei Hot Spring Resort** in Guanzihling südöstlich von Chiayi kann man seine Haut im stark mineralhaltigen, schlammigen Wasser pflegen. › S. 75
- Das moderne **Les Champs** in Jiaosi bietet im Freien außer den Spa-Becken auch einen Pool und ist ein idealer Zwischenstopp auf dem Weg zur Taroko-Schlucht weiter südlich. › S. 76
- Am Rande des Zentralgebirges verwöhnt im Thermalbadeort Baolai das **Corner26** in thailändischem Ambiente. › S. 130
- Nicht weit von Taitung an einem ausgedehnten Waldgebiet gelegen, lässt es sich im luxuriösen **Royal Chih-pen Hotel** in Spa-Becken und im großen Outdoor-Swimmingpool herrlich relaxen. › S. 136

Land & Leute

Steckbrief][Geschichte im Überblick][Natur und Umwelt][Die Menschen][Sprache und Schrift][Glaubenswelten][Kunst, Kultur und Kunsthandwerk][Feste und Veranstaltungen][Essen und Trinken

Steckbrief

Taiwan 臺灣

Fläche: 36 000 km^2
Einwohner: 23 Mio.; 627 Ew./km^2; 75 % Stadtbevölkerung
Hauptstadt: Taipeh, 2,62 Mio. Ew., Bevölkerungsdichte über 9600 Ew./km^2
Amtssprache: Hochchinesisch (Mandarin); weitere Sprachen: Taiwanisch (ca. 70 % der Bev.), Hakka (15 %), Ureinwohnersprachen (2 %)
Küstenlänge: 1566 km
Ausdehnung: max. Nord-Süd 394 km, max. Ost-West 144 km
Häufigste Familiennamen: Chen, Lin, Huang, Chang, Li
Höchster Berg: Yushan (Jadeberg), 3952 m; mehr als 200 Gipfel über 3000 m
Landesvorwahl: 00886
Währung: NT (New Taiwan Dollar)
Zeitzone: MEZ +7 Std. (während der europäischen Sommerzeit +6 Std.)

Lage

Taiwan erstreckt sich zwischen 22 und 25° nördl. Breite sowie zwischen 120 und 122° östl. Länge. Der Wendekreis des Krebses verläuft mitten durch die Insel. Getrennt durch die flache Straße von Taiwan, liegt sie an deren engster Stelle 130 km vor der chinesischen Küste, nördlich der Philippinen und nahe den westlichen Ausläufern der japanischen Ryukyu-Inselkette.

Politik und Verwaltung

Taiwan, offiziell »Republik China«, ist in die 5 Metropolregionen Taipeh, New Taipei City (ehem. Kreis Taipei), Taichung, Tainan und Kaohsiung sowie 12 Kreise und 3 Städte gegliedert. Das Land ist seit den 1990er-Jahren eine parlamentarische Demokratie mit einem alle vier Jahre direkt gewählten Präsidenten.

Prägend ist der Gegensatz zwischen der chinaorientierten Kuomintang-Partei (KMT) und der unabhängigkeitsorientierten Demokratischen Fortschrittspartei (DPP). Im Jahr 2000 gelang es der DPP unter Chen Shui-pien, die Vorherrschaft der KMT nach 50 Jahren zu beenden und das Präsidentenamt zu übernehmen.

Chen war als Verteidiger von Oppositionellen bekannt geworden und verfolgte in seiner Amtszeit einen Kurs der Unabhängigkeit gegenüber China. 2004 wurde er für eine weitere Amtszeit knapp wiedergewählt und erreichte eine Aufweichung der alten autoritären Strukturen. 2008 gewann die KMT mit ihrem Vorsitzenden Ma Ying-jeou das Präsidentenamt zurück. 2012 wurde er für eine weitere Amtszeit wieder gewählt. Ma verfolgt eine Politik der engeren Anlehnung an China unter impliziter Annahme des Ein-China-Prinzips, was Voraussetzung für Chinas Gesprächsbereitschaft ist. So schloss Taiwan 2010 ein stark umstrittenes wirtschaftliches Rahmenabkommen (ECFA) mit China ab, während die Opposition ihm die Preisgabe von Taiwans Souveränität vorwirft.

Taiwan und China

Die VR China beruft sich in ihrem Anspruch auf Taiwan auf die Kairoer Erklärung von 1943, in der die Alliierten der Republik China die Rückgabe Taiwans nach dem Zweiten Weltkrieg versprachen. Obwohl diese Erklärung keine völkerrechtlich bindende Wirkung hat, haben die Pekinger Machthaber Taiwan durch diplomatischen Druck international weitgehend isoliert. Nur 23 Staaten erkennen Taiwan diplomatisch an. Nach wie vor ist Taiwan von über 1400 chinesischen Mittelstreckenraketen bedroht, kann jedoch im Angriffsfall mit der Unterstützung der USA rechnen.

Wirtschaft

Taiwan besitzt kaum Bodenschätze. Von dem erwirtschafteten BIP von rund 20 000 US$ pro Kopf entfallen 69,2 % auf den Dienstleistungssektor, 29,2 % auf die Industrie und 1,6 % auf die Landwirtschaft (der Anteil der dort Beschäftigten liegt bei 5,3 %). Die Arbeitslosenquote beträgt 4,31 %.

Taiwans Aufbruch in die Moderne begann 1895–1945 unter den japanischen Kolonialherren. Mit amerikanischer Wirtschaftshilfe, der Politik der Importsubstitution und der Verwirklichung von Großprojekten in der Infrastruktur gelang in den 1980er-Jahren der Aufstieg zum Industrieland.

Heute ist Taiwan ein deregulierter und entwickelter Industriestaat mit wenigen Großkonzernen und zahlreichen Familienbetrieben. Zu den wichtigsten Branchen gehören die Computer- und IT-Industrie, Halbleiterindustrie, daneben Maschinenbau, Petrochemie, Stahlproduktion, Schiffbau und Textilindustrie. Ein Großteil der weltweiten Notebook-Produktion, von Motherboards, LCD-Bildschirmen und Handys kommt aus den Fabriken taiwanischer Hersteller in China.

Auf seiner landwirtschaftlichen Nutzfläche von 25 % produziert Taiwan Reis im Nassfeldanbau, Süßkartoffeln und Tee. Es besitzt eine hoch entwickelte Fischzucht und Kultivierung von tropischen Obstsorten, in kühleren Höhenlagen auch von Sorten aus den gemäßigten Breiten.

Geschichte im Überblick

Vor 15 000 bis 12 000 Jahren Prähistorische Kulturen, besonders in Osttaiwan.

ab 2500 v.Chr. Besiedlung durch malayo-polynesische Stämme, die Vorfahren der Ureinwohner.

1368 Die Penghu-Inseln (Pescadoren) werden Teil des chinesischen Ming-Reiches.

1544 Ein portugiesischer Kapitän gibt Taiwan seinen westlichen Namen: Ilha Formosa (»Schöne Insel«).

1624 Die Niederländische Ostindien-Kompanie (VOC) lässt sich im heutigen Tainan nieder. Beginn der chinesischen Besiedlung.

1626–1642 Bei Keelung und Danshuei errichten die Spanier Stützpunkte. Sie werden von der VOC vertrieben.

1643/4 In China wird die Ming-Dynastie gestürzt, die Qing-Dynastie etabliert sich.

1662 Vertreibung der Niederländer durch den Ming-Loyalisten Jheng Chenggong (»Koxinga«). Aufbau einer chinesischen Verwaltung, weitere Erschließung.

1683 Jhengs Nachfolger kapitulieren vor der erstarkten Qing-Dynastie. Taiwan gehört erstmals zu China, Provinz Fujian.

1884/85 Verlegung des Verwaltungssitzes von Tainan nach Taipeh. Taiwan wird Provinz.

1895 2 Mio. Einwohner. Nach dem Krieg mit Japan tritt das kaiserliche China Taiwan im Vertrag von Shimonoseki »auf ewig« an Japan ab. Zerschlagung der ersten Republik Asiens, der Demokratischen Republik Taiwan, durch japanische Truppen.

1895–1945 Die Japaner entwickeln die Infrastruktur und legen das Fundament für Taiwans moderne Entwicklung. Gleichzeitig Diskriminierung der Taiwaner und Abschottung Taiwans von China.

1945 Das chinesische Regime der Kuomintang (KMT) nimmt im Auftrag der Alliierten die Kapitulation der japanischen Truppen in Taiwan entgegen und hält es besetzt. Eine förmliche Rückübertragung der Souveränität an China findet jedoch nie statt. 6 Mio. Einwohner.

28. Februar 1947 Der Aufstand gegen die Misswirtschaft des KMT-Gouverneurs Chen Yi (»2.28«) wird nach einer Woche niedergeschlagen (10 000 Tote). Begründung des Gegensatzes zwischen Festländern und Taiwanern.

1948/49 Nach der Niederlage im Bürgerkrieg Rückzug der KMT von China nach Taiwan mit 2 Mio. Flüchtlingen. In den folgenden 40 Jahren herrscht Kriegsrecht.

Ab 1950 Landreform, Importsubstitution, Ausbau der Infrastruktur auch im Osten der Insel. Beschleunigte Wirtschaftsentwicklung.

Chiang-Kai-shek-Gedächtnishalle (rechts) und Nationale Konzerthalle

1972 Die Republik China wird zugunsten der VR China aus der UNO ausgeschlossen. Internationale Isolierung. In der Kunst und unter Intellektuellen entsteht eine eigene taiwanische Identität.
1979 Abbruch der diplomatischen Beziehungen durch die USA. Der »Taiwan Relations Act« sichert jedoch die Verteidigung (Rüstungslieferungen, Beistand im Angriffsfall). Aufbau von Taiwans Hightech-Industrien.
1986 Gründung der Demokratischen Fortschrittspartei (DPP).
1987 Ende des Kriegsrechts und beginnende Demokratisierung.
1993 Erste halbamtliche Gespräche mit der VR China. Die Opposition fordert stärker die formelle Unabhängigkeit Taiwans.
1996 Erste freie direkte Präsidentenwahl. Amtsinhaber Lee Teng-hui (KMT) wird wiedergewählt. Stärkere »Taiwanisierung« in Gesellschaft, Sprache und Kultur.
2000 Chen Shui-pien (DPP) wird Präsident. Ohne Mehrheit im Parlament gelingt nur eine allmähliche Aufweichung alter Strukturen. Verlagerung von produzierender Industrie nach China, erstmaliges Auftreten von Arbeitslosigkeit (über 4 %). Wachsender Innovationsdruck.
2004 Chen Shui-pien wird knapp wiedergewählt; erstmals Referendum über das Verhältnis zur VR China abgehalten (ungültig, da unter 50% Wahlbeteiligung).
2008 Wechsel im Präsidentenamt zu Ma Ying-jeou von der KMT, der eine Politik stärkerer Anlehnung an China verfolgt.
2010 Abschluss des stark umstrittenen wirtschaftlichen Rahmenabkommens "ECFA" mit China unter impliziter Annahme des "Ein-China-Prinzips". Die Opposition wirft Ma Ying-jeou die Preisgabe von Taiwans Souveranität vor.
2012 Ma Ying-jeou wird für eine weitere Amtszeit gewählt.

Buch-Tipp **Oskar Weggel, Geschichte Taiwans: Vom 17. Jahrhundert bis heute,** edition global, München 2007.

Natur und Umwelt

Landschaften

Der Wendekreis des Krebses teilt die Insel in den subtropischen Norden und den tropischen Süden. Die großen Höhenunterschiede verleihen Taiwan mehrere Klimazonen, von tropisch bis alpin, mit einer entsprechend vielfältigen Vegetation. Mehr als die Hälfte der Insel ist gebirgig, gut die Hälfte bewaldet und ein Viertel ist landwirtschaftliche Nutzfläche. Der höchste Gipfel des von Nord nach Süd verlaufenden Zentralgebirges, der Yushan (Jadeberg), erreicht 3952 m und ist der höchste Berg Ostasiens. Weiter südlich senkt sich das Zentralgebirge zum schmalen East Rift Valley, östlich davon erhebt sich zum Pazifik hin das Küstengebirge auf 1500 m. Besiedelt sind das Becken von Taipeh, die Ebene von Yilan und die große Schwemmlandebene im Westen. Im Osten liegen einige wenige Orte an der Küste und im East Rift Valley.

Geologisch gehört Taiwan zu einer Inselkette, die von Japan über die Ryukyu-Inseln bis zu den Philippinen verläuft. Das East Rift Valley als Bruchstelle zwischen eurasischer und philippinischer Platte ist Ausgangspunkt zahlreicher, aber meist kleinerer Erdbeben. Betroffen sind vor allem die zentrale Westküste und das westliche Bergland. Einige Berge, etwa im Nationalpark Yangmingshan bei Taipeh, sind erloschene Vulkane, was dem Land diverse heiße Quellen beschert (siehe Special »Heiße Quellen« › S. 74).

Flora und Fauna

Taiwan ist reich an endemischen Pflanzen, darunter riesige Baumfarne und etliche Orchideen. Die bekannteste endemische Tierart Taiwans ist der Formosa-Lachs, der »nationale Schatz« – zu sehen nur bei einer geführten Tour im Nationalpark Sheipa. Selten geworden sind der Sikahirsch, der Schwarzbär und der Wolkenleopard, die man am besten im Zoo in Taipeh besichtigt. Eine bunte Vielfalt an Schmetterlingen und Vögeln tummelt sich hingegen in freier Natur. Taiwan ist eine wichtige Zwischenstation für Zugvögel aus Nordasien. In den Wäldern und auf den Feldern gibt es auch z.T. giftige Schlangen, die aber nur angreifen, wenn sie sich bedroht fühlen. Am bekanntesten ist die in Bambuswäldern lebende, kleine grüne Bambusschlange.

Durch die schnelle Industrialisierung wurden in der Vergangenheit schwere Umweltsünden begangen. Heute stehen in acht Nationalparks immerhin 8,5 % des Staatsgebiets unter Naturschutz (http://np.cpami.gov.tw). Seit den 1990er-Jahren haben verstärkte Anstrengungen die Umwelt entlastet. Bis Taiwan jedoch zum angestrebten »Green Silicon Island« werden kann, ist es noch ein langer Weg.

Die Menschen

Die Ureinwohner australo-polynesischen Ursprungs mit vierzehn offiziell anerkannten Volksgruppen stellen heute gerade noch 2 % der Bevölkerung. Die drei größten Gruppen sind die **Ami**, die **Atayal** und die **Paiwan.** Eine chinesische Besiedlung Taiwans fand erst im 17. und 18. Jh. in größerem Umfang statt. Die Volksgruppe der heute mit über 70 % vorherrschenden **Hoklo** sind Nachfahren von Einwanderern aus Süd-Fujian, der Taiwan gegenüberliegenden Region auf dem Festland. Die Volksgruppe der **Hakka** (Kejia) mit etwa 15 % der Bevölkerung stammt aus der südchinesischen Provinz Guangdong. Heute werden beide Gruppen und die Ureinwohner als »Taiwaner« oder »Menschen aus dieser Provinz« bezeichnet, im Gegensatz zu den Flüchtlingen des KMT-Regimes und deren Nachkommen, die »Festländer« oder »Menschen von außerhalb der Provinz« genannt werden und 10–15 % der Bevölkerung ausmachen. Seit 1945 hat sich die Bevölkerung Taiwans von 6 Mio. auf 23 Mio. fast vervierfacht.

Die Hakka konzentrieren sich im Nordwesten im Gebiet von Hsinchu, Jhongli und Miaoli sowie im Südwesten im Gebiet von Meinong. Die »Festländer« sind über ganz Taiwan verstreut, ein großer Teil lebt jedoch in und um Taipeh.

Die **Ureinwohner** siedeln insbesondere im Osten und in den Bergregionen. Sie wurden lange unterdrückt und sozial benachteiligt, erst seit wenigen Jahren bessert sich ihre Lage allmählich durch staatliche Förderung. In ihren Siedlungsgebieten bauen sie touristische Einrichtungen auf. 2005 ging der erste indigene Fernsehkanal Asiens für Taiwans Ureinwohner auf Sendung.

Die traditionelle Großfamilie ist nur noch auf dem Land anzutreffen. Die Geburtenrate sinkt, und man beginnt sich auf die zukünftigen Probleme einer alternden Gesellschaft einzustellen. Geburtenbeschränkung wie etwa in China gibt es nicht, die Regierung versucht im Gegenteil, Nachwuchs zu fördern (zwei Kinder sind richtig, drei sind nicht zu viel). Der Erfolg ist jedoch nur mäßig.

Beim Erntefest der Ami

Sprache und Schrift

Amtssprache ist wie in China Mandarin oder Hochchinesisch, das auf dem Dialekt von Peking basiert und in Taiwan offiziell 國語 *Guóyǔ* (Nationalsprache) heißt, jedoch zunehmend wie in Singapur neutraler als 華語 *Huáyǔ* (»Sprache der ethnischen Chinesen«) bezeichnet wird. Das Chinesische besteht aus vielen gleich oder ähnlich lautenden Silben. 420 davon stehen zur Verfügung, differenziert durch vier Töne. So kann die Silbe *mā* »Mutter« (hoher Ton), *má* »Hanf« (ansteigender Ton), *mǎ* »Pferd« (tiefer Ton) oder *mà* »schimpfen« (fallender Ton) bedeuten.

Schrift

Die Schrift ist weitgehend unabhängig von der Aussprache und kann daher von chinesischen Sprechern unterschiedlichster Sprachformen gelesen werden. Jedes Schriftzeichen steht für eine Silbe und hat eine eigene Bedeutung. Bis auf wenige Begriffe des Grundwortschatzes wie »Mensch«, »Baum«, »Wald« (zwei Bäume) sind die Zeichen keine reinen Piktogramme, sondern Kombinationen eines bedeutungstragenden Elements, das häufig auf ein Bildzeichen zurückgeht, und eines phonetischen Elements.

Während in der VR China 1958 eine Schriftreform durchgeführt wurde und seitdem die Kurzzeichen verwendet werden, hat Taiwan die traditionellen Langzeichen beibehalten, z.B. Tempel, *miào,* 廟 (Langzeichen), 庙 (Kurzzeichen). Zum Lesen einer Zeitung ist die Kenntnis von etwa 5000 Schriftzeichen erforderlich, Alltagswörterbücher und der Standard-Langzeichensatz für Computer enthalten etwa 13 000 Zeichen. Die chinesische Literatur der letzten 2000 Jahre eingeschlossen existieren insgesamt etwa 50 000 Zeichen.

Hochchinesisch und Taiwanisch

Durch die getrennte gesellschaftliche Entwicklung sowie Einflüsse der lokalen Sprachformen gibt es zwischen Taiwan und China auch im Hochchinesischen Unterschiede im Sprachgebrauch. Bei den lange zu Gunsten des Hochchinesischen unterdrückten lokalen Sprachen werden zumindest das Hakka und die Ureinwohnersprachen heute offiziell gefördert und genießen einen halbamtlichen Status. Hoklo (meist schlicht als Taiwanisch bezeichnet) und Hakka werden auch in Teilen Südchinas gesprochen und haben sogar sieben bis acht (Hoklo) bzw. sechs (Hakka) Töne. Ihre Bezeichnung als Dialekte ist eher eine kulturell-politische Konvention, als dass sie sprachwissenschaftlich begründet wäre. Tatsächlich sind die Unterschiede dieser »Dialekte« zum

Hochchinesischen mit jenen des Deutschen zum Dänischen oder Niederländischen vergleichbar. In den jeweiligen Regionen erhalten die Schulkinder zusätzlichen Unterricht in ihrer lokalen Sprache.

Umschriften

Seit 2009 gilt in Taiwan wie in China »Hanyu Pinyin« als offizielle Umschrift. Die in Taiwan entwickelte Tongyong-Pinyin-Umschrift ist aber auch noch verbreitet. Die Hauptunterschiede sind: zh/jh, x/s, q/c, qu/cyu, qi/cy. Dieser Führer folgt dieser Mischsituation, da sie auf Karten und Schildern so zu finden ist. Mit Abweichungen und falschen Schreibweisen muss man immer rechnen. In den größeren Städten, bei jungen Menschen, Geschäftsleuten und Ärzten kann man sich meist auf Englisch verständlich machen.

Glaubenswelten

Die heute dominierenden Philosophien und Religionen brachten die chinesischen Einwanderer mit, und Religion spielt im Leben der Taiwaner auch heute eine bedeutende Rolle. Überall werden Tempel restauriert oder neu erbaut. Wer einen Tempel betritt, wird in der Eingangshalle häufig in schwarze Platten gekerbte goldene Schriftzeichen erkennen – es sind die Namen von Spendern. Alle religiösen Organisationen sind von den Spenden ihrer Mitglieder abhängig. In der Volks-

Meditierende Nonne im Kloster Foguangshan in Kaohsiung

Im Tempel des Kriegsgottes Guangong in Tainan

religion, dem Buddhismus und Daoismus gibt es keine zentralen Institutionen, sondern die Tempel werden durch ein von den Anhängern gewähltes Komitee verwaltet. Bei bedeutenden großen Tempeln können sich diese zu mächtigen Organisationen entwickeln, die ihrerseits soziale Einrichtungen wie Kindergärten und Krankenhäuser betreiben.

Durch die rasante Modernisierung der Gesellschaft verliert die jüngere Generation die Bindung an die Tradition. Dennoch möchten viele Taiwaner bei den wichtigen Dingen des Lebens nicht auf Rückversicherung durch die Religion verzichten. So beten Geschäftsleute oft um gutes Gelingen und brennen am 1. und 15. jedes Mondmonats vor ihren Läden Papiergeld in kleinen Öfen ab oder stellen einen Tisch mit kulinarischen Köstlichkeiten auf, um die Geister günstig zu stimmen. Für alle Zwecke gibt es eine zuständige Gottheit, die in dieser Funktion den christlichen Heiligen nicht unähnlich ist.

Synkretismus und Volksglaube

Zu allen Zeiten brachten Einwanderer ihren Glauben und ihre Gottheiten aus China mit auf die Insel. Doch sie hatten nicht nur einen Gott für jede Lebenssituation, sondern vermischten Rituale und Gottheiten aus Buddhismus, Daoismus und Konfuzianismus miteinander. Aus dem Volksdaoismus stammt die Tradition, historische Persönlichkeiten wie Generäle, Mandarine oder lokale Helden zu gottähnlichen Wesen zu erheben. Das prominenteste Beispiel ist Jheng Chenggong (Koxinga), der Befreier Taiwans von der niederländischen Kolonialherrschaft. Und so finden sich häufig in ein und demselben Tempel Figuren aus unterschiedlichen Religionen in verschiedenen Hallen oder gar auf einem Altar wieder.

Buddhismus

Als eine der großen Religionen Chinas fasste der Buddhismus erst im 16. Jh. in Taiwan Fuß. Wie in ganz Nordostasien ist er als Mahayana-Buddhismus (»Großer Wagen«) verbreitet, bei dem die Erleuchtung nicht nur durch individuelles asketisches Bemühen zu erreichen ist, wie dies der Hinayana-Buddhismus (»Kleiner Wagen«) verlangt, sondern auch durch die Hilfe anderer, vor allem der Bodhisattvas, die erleuchtet sind, aber ihren Eingang ins Nirwana aufschieben, um anderen zu helfen.

Grundlage des Buddhismus ist die Erkenntnis, dass alles Leben Leiden ist. Zur Überwindung des Leidens muss man sich von allen Begierden lösen und erlangt dann schließlich die Erleuchtung. Dabei helfen Meditation, gutes Verhalten und gute Taten, insgesamt ein achtfacher Weg, den man nur über Jahre hinweg erlernt. Ziel ist es, mit jeder Wiedergeburt ein besseres Leben zu führen, sodass man schließlich den Kreis der Wiedergeburten verlassen und ins Nirwana eingehen kann.

Seit den 1980er-Jahren findet auch der tantrische Buddhismus, vor allem in seiner tibetischen Form, viele Anhänger, gefördert durch mehrere religiöse Besuche des Dalai Lama und die Niederlassung tibetischer Mönche.

Daoismus

Der Daoismus gilt als Chinas eigene, authentische Religion. Sie soll auf den Philosophen Laozi zurückgehen, der im 6. Jh. v.Chr. als Eremit lebte und als Autor einer Sammlung von Sprüchen und Gedanken gilt, des *Daodejing,* das allerdings erst später von seinen Schülern zusammengestellt wurde. Daoisten streben ein Leben in Einklang mit der jeweiligen natürlichen und menschlichen Umwelt an, betonen individuelle Freiheit, Spontaneität und mystische Erfahrungen. Höchstes Ziel des religiösen Daoismus ist das Erreichen der Unsterblichkeit auch mithilfe alchemistischer Praktiken.

Oberste daoistische Gottheit ist der Jadekaiser oder Herr des Himmels, der Sterbliche zu Göttern machen und anderen Geistern Titel ver-

Meeresgöttin Mazu 媽祖 *Māzǔ*

Nach einer Legende ist Mazu eine zu göttlichen Weihen gekommene Sterbliche. Als Tochter eines Fischers soll sie Mitte des 10. Jhs. auf der Insel Meizhou vor der Küste Fujians das Licht der Welt erblickt haben. Nachdem sie ein Boot im Sturm gerettet hatte, verlieh ihr eine Gottheit die Gabe, in die Zukunft zu sehen, Krankheiten zu heilen und Menschen aus Seenot zu retten. Fischer und Seefahrer begannen sie zu verehren. Die jugendliche Figur wird gerne als Tianshang Shengmu (»Heilige Mutter im Himmel«) bezeichnet. Über 400 Tempel sind ihr gewidmet, und an ihrem Geburtstag, dem 23. Tag des 3. Mondmonats, werden ihre Statuen in riesigen Prozessionen durch die Städte getragen. Pilger bringen ihr Bildnis sogar zurück in ihren Heimatort auf der Insel Meizhou.
Die bedeutendsten Mazu-Tempel befinden sich in Beigang bei Chiayi, in Tainan, in Dajia und Lugang bei Taichung und in Magong auf den Penghu-Inseln.

leihen kann. In der Hierarchie untersteht dem vergöttlichten Laozi ein unüberschaubares Pantheon von Naturgöttern, kosmischen Gestalten und Unsterblichen. Durch den Zustrom von daoistischen Priestern und Mönchen aus China 1949 erlebte der Daoismus in Taiwan eine neue Blüte.

Konfuzianismus

Der Konfuzianismus – eigentlich keine Religion, sondern eine Moral- und Soziallehre – geht auf den Lehrer Konfuzius zurück, der von 551 bis 479 v.Chr. in der heutigen nordchinesischen Provinz Shandong lebte. Der Konfuzianismus ist tolerant gegenüber einigen metaphysischen Elementen wie etwa der Vorstellung von einem Himmel oder der Verehrung der Ahnen und des Konfuzius selbst.

Der Konfuzianismus prägte entscheidend die Moralvorstellungen des chinesischen Kulturkreises und erfüllte zeitweise die Funktion einer Staatsideologie. Konfuzius übertrug mit dem Ziel der »großen Harmonie« die kosmische Ordnung auf die Menschen. Er regelte so die fünf grundlegenden menschlichen Beziehungen: zwischen Vater und Sohn, Mann und Frau, älterem und jüngerem Bruder, Herrscher und Untertan sowie zwischen Freunden. Außer in der Letztgenannten, die auch gleichberechtigt sein kann, sind die anderen durch Gehorsam gegenüber dem Höherstehenden und Wohlwollen gegenüber den Niederen geprägt. Ziel des Einzelnen ist die Selbstkultivierung zu einem »Edlen« (君子 *jūnzǐ)* mit besonderer moralischer Integrität und Bildung. Die Betonung der Familie als Keimzelle des Staates und eine konservative gesellschaftliche Hierarchie gehen ebenfalls auf den Konfuzianismus zurück.

Heute erweist man im Konfuziustempel dem »Ersten unter den Lehrern« seinen Respekt. Der Geburtstag des Konfuzius am 28. September (Tag der Lehrer) wird in den bedeutenden Konfuzius-Tempeln des Landes, insbesondere in Taipeh und Tainan, mit aufwendigen Zeremonien feierlich begangen.

Andere Religionen

Nur etwa 3 % der Bevölkerung sind **Christen,** seit im 19. Jh. auch auf Taiwan missioniert wurde und 1949 viele Christen vor den Kommunisten flohen. Die meisten Ureinwohner sind heute christlichen Glaubens, haben aber manche Riten ihrer ursprünglich animistischen Religionen beibehalten.

Daneben existiert eine Vielzahl kleinerer Glaubensgemeinschaften und Sekten, die teils ausländischen, teils chinesischen Ursprungs sind oder in Taiwan selbst entstanden. Die im 17. Jh. in China gegründete synkretistische Religion **Yi-Guan-Dao** (etwa: »der eine, durchgehende Weg«) verbindet chinesische Traditionen mit allen anderen Weltreligionen und geht von einer Gottheit der Klarheit (Ming Ming Shangdi) aus, die über allen Religionen steht. Sie ist mit 1 Mio. Anhängern die drittgrößte Glaubensgemeinschaft des Landes. Ihre Anhänger sind strenge Vegetarier, über die Hälfte der vegetarischen Restaurants in Taiwan wird von ihnen betrieben.

Glossar zu religiösen Begriffen

Buddhismus

- **Arhat (chin. Luohan)** Ernsthafter Schüler des Buddhismus, Vorstufe zum Bodhisattva
- **Bodhisattva (chin. Pusa)** Erlangte die Erleuchtung, stellt aber den Eintritt ins Nirwana zurück, um anderen zu helfen
- **Guanyin** Göttin der Barmherzigkeit, ursprünglich der (männliche) Bodhisattva Avalokiteshvara
- **Maitreya (chin. Milefo)** Buddha der Zukunft und kommender Weltenlehrer; in chin. Tempeln meist als lachende, dickbäuchige Figur dargestellt, die auf den Mönch Qi Ci aus dem 10. Jh. zurückgeht
- **Nirwana** Zustand des »Verwehens«, im Buddhismus letztes Stadium der Erlösung ohne erneute Wiedergeburt
- **Sakyamuni** Historischer Buddha (ca. 563–483 v. Chr.), geboren als Prinz Siddharta Gautama

Volksglauben

- **Tudi Gong** Herr der Erde, zuständig für gute Ernten
- **Wangmu Niangniang** oder **Si Wangmu** »Königinmutter des Westens«, Symbol für die Güte des Alters
- **Wang Ye** Sammelbegriff für die 360 Götter, die vor Krankheiten schützen
- **Wenchang Di** »Kaiser der blühenden Kultur«: Gottheit der Bildung und Kultur, beste Adresse vor Prüfungen
- **Yuhuang Dadi** oder **Tian Gong** Jadekaiser oder Herr des Himmels, höchste Gottheit im Volksglauben

Kunst, Kultur und Kunsthandwerk

Die chinesischen Einwanderer brachten seit dem 16. Jh. ihre Kultur mit und setzten sie nach dem Anschluss an China zu Beginn der Qing-Dynastie gegen die einheimische Bevölkerung durch. Erst in jüngster Zeit werden einerseits die Traditionen der Ureinwohner durch die Rückbesinnung auf die eigene Erde (本土 *béntǔ*), andererseits eine eigenständige Moderne geschätzt und anerkannt. Vieles bleibt Variation des chinesischen Themas, doch auch interessante Neuentwicklungen lassen sich immer häufiger erkennen.

Architektur

Taiwan prunkt mit moderner Architektur, etwa dem Taipei Fine Arts Museum oder dem Wolkenkratzer Taipei 101. Die chinesische Tradition zeigt sich aber am ehesten in den alten hufeisenförmigen Hofanlagen und ihrer Steigerungsform, der **Tempelarchitektur.**

In Tempeln liegen die wichtigsten Gebäude auf einer Achse hintereinander und öffnen sich zur Sonne, nach Süden; weniger bedeutende Gebäude schließen seitlich die Höfe ab. Besonders auffallend sind die Schwalbenschwanzdächer, an den Ecken hochgezogen und dort sowie auf dem First reich mit mythologischen Figuren geschmückt. Die tragenden Säulen und Balken sowie die dünnen Holzwände sind häufig mit kunstvollen Holzschnitzereien und Steinmetzarbeiten verziert.

Weniger auffällig und im Ausland relativ unbekannt sind eine ganze Reihe älterer Gebäude im Stil der **japanischen Kolonialarchitektur.** Der Präsidentenpalast in Taipeh ist das prominenteste Beispiel, doch alle älteren Bahnhöfe und viele öffentliche Gebäude gehen auf diese

Exotik für Taiwaner: Europa

Fragen Sie als Europäer Taiwaner, was ihnen zum Stichwort Romantik einfällt, werden Sie häufig »Europa« hören, konkreter: Schweizer Berge oder Rive Gauche mit der Cafékultur an der Seine, Schlösser und Burgen, Schokolade, Sahnetorten. »Europäischer Stil« (歐風 *Ōu fēng*) ist geradezu eine Manie. Ganz unbefangen werden antike europäische Möbel imitiert, eigene italienisch klingende Marken kreiert oder Versatzstücke aus der europäischen Architekturgeschichte in moderne Gebäude integriert. Wundern Sie sich also nicht, wenn Sie unterwegs ein Einkaufszentrum sehen, das wie eine mittelalterliche Burg daherkommt, oder bei Ihrem Gastgeber »barocke« Sitzmöbel aus taiwanischen Möbelfabriken. Vielleicht ein guter Anlass, über kulturelle Klischees im Allgemeinen nachzudenken, auch über unsere Chinoiserien.

Zeit zurück. Sie vereinen den westlichen Stil des frühen 20. Jhs. mit einer lokalen Ornamentik. Wohlhabende Taiwaner ließen sich von diesem Stil anregen und übernahmen ihn beim Bau von Wohn- und Geschäftshäusern.

Malerei und Bildhauerei

Neben der traditionellen chinesischen Landschaftsmalerei und Kalligrafie, die auch heute noch ausgeübt werden, hat sich seit den 1960er-Jahren eine moderne Kunstszene entwickelt. Die Anfänge der modernen Kunst liegen in der japanischen Zeit, als Ishikawa Kinichiro und seine Schüler, darunter Chen Chengbo und Li Shihciao, die Landschaften Taiwans mit den Mitteln des französischen Impressionismus entdeckten. Nach einer vorübergehenden Rückkehr zur überlieferten Tuschemalerei, deren berühmtester Vertreter Chang Ta-chien ist, bestimmten vorwiegend abstrakte westliche Kunst und ihre Modetrends die Kunstszene. In den 1970er-Jahren erfolgte eine stärkere Hinwendung zu heimatlichen Motiven. Für heutige Künstler stellt zudem die Kunst der Ureinwohner eine Inspirationsquelle dar. International bekannt ist der Bildhauer Ju Ming, der u.a. mit seinen »Tai Chi«- und »The-Living-World«-Skulpturen bekannt wurde (siehe auch › S. 71). Die besten Museen sind das Nationale Palastmuseum für traditionelle Malerei und die Museen für moderne und zeitgenössische Kunst in Taipeh, Taichung und Kaohsiung.

Literatur und Film

Ähnliche Entwicklungsstadien durchlief das literarische Schaffen. Als in der Nachkriegszeit taiwanische Autoren weitgehend zum Schweigen verurteilt waren, prägten Festlandchinesen die Szene, die in nostalgischen Erzählungen den Verlust der Heimat verarbeiteten. Später rezipierten die Autoren innerhalb kurzer Zeit moderne westliche Strömungen, bevor sie in der »Heimatliteratur« (鄉土文學 *xiāngtǔ wénxué*) der 1970er-Jahre den Boden für die Taiwanisierung der Gesellschaft bereiteten. Es folgte eine pluralistische Phase, in der sich Autoren auch mit sozialen Fragen oder den Problemen von Homosexuellen in einer konservativen Gesellschaft auseinandersetzten. Einen neuen Trend seit den 1990er-Jahren stellen Versuche dar, Poesie und Prosa nicht auf Hochchinesisch, sondern auf Taiwanisch oder Hakka zu verfassen. Einen guten Einblick in das Literaturgeschehen des Landes bietet das Nationalmuseum Taiwanischer Literatur in Tainan (› S. 116).

Buch-Tipp **Li Ang, Sichtbare Geister** – Die prominente Schriftstellerin vermittelt hier eine spannende Vorstellung von Geschichte, Kultur und Identität in Taiwan. Berlin: Horlemann-Verlag, 2007. **Ilka Schneider, Zwischen Geistern und Gigabytes – Abenteuer Alltag in Taiwan.** Mannheim: Dryas-Verlag, 2010.

Beamter in der Taiwan-Oper

Der moderne taiwanische **Film** wurde im Ausland mit Hou Hsiao-hsiens »Stadt der Trauer« bekannt, der vor dem Hintergrund des 2.28-Zwischenfalls › S. 32 spielt. Bekanntester Regisseur und Pendler zwischen Taiwan und Amerika ist Ang Lee (geb. 1954). Er hat sich u.a. mit den Filmen »Das Hochzeitsbankett« (1993) und »Tiger and Dragon« (2000) hervorgetan. Jungstar Wei Te-sheng erzielte neue Erfolge mit "Cape No.7" (2008), das gegen Ende der japanischen Zeit spielt, während "Seediq Bale" (2011) vom Kampf der Ureinwohner gegen die Japaner in den 1930er Jahren erzählt.

Oper

Von den vielen chinesischen Regionalopern wird besonders die Peking-Oper (京劇 *jīngjù*) in Taiwan kultiviert. Ihre hohen, dissonanten Klänge und fremdartigen Rhythmen sind für westliche Ohren gewöhnungsbedürftig. Die überaus prächtigen Masken und Kostüme sorgen gemeinsam mit tänzerischen und akrobatischen Elementen dafür, dass der Opernbesuch auch für Europäer zu einem Erlebnis wird.

In der aus dem Raum Yilan in Nordost-Taiwan hervorgegangenen taiwanischen Oper (歌仔戲 *gēzǎixì*) vermischen sich Elemente der Peking-Oper mit solchen der Opern Südchinas sowie mit einheimischen Volksliedern und der balladenhaften Musik der Ureinwohner. Ein Orchester traditioneller chinesischer Musikinstrumente begleitet die aufwendig kostümierten Sänger. Aufführungen kann man in Taipeh im Nationaltheater, im »Taipei Eye« (› S. 67) oder im Bao-an-Tempel (› S. 63) erleben.

Das typisch taiwanische Handpuppentheater (布袋戲 *bùdàixì*) wird bevorzugt auf Tempelvorplätzen in Szene gesetzt (mehr dazu › S. 120).

Tanz

Dem ausländischen Touristen begegnet Tanz vor allem in Form von Darbietungen der Ureinwohner. Ihre Gemeinschaftstänze, ursprünglich von ritueller Bedeutung bei Zeremonien und Festen, werden heute meist im Rahmen von Festivals speziell für Touristen aufgeführt. Der Farbenpracht der Kleidung und dem Rhythmus der Tänze tut dies jedoch kaum Abbruch. Auf dem Gebiet des modernen Tanzes hat Taiwan einiges zu bieten. Seit den 1980er-Jahren entstanden mehrere moderne

Tanzensembles, über die Grenzen hinaus bekannt ist das Cloud Gate Dance Theatre von Lin Hwai-min (www.cloudgate.org.tw/eng/).

Kunsthandwerk

Tradition und Kopie werden in der chinesischen Kunst wesentlich höher geschätzt als in Europa, und so ist die Grenze zum Kunsthandwerk oft fließend. Typische Produkte wie Jadeschnitzereien und -schmuck, Lack- und Cloisonnéwaren, Stickereien, Namensstempel und fabrikmäßig kopierte Rollbilder findet man in Taiwan allerorten. Traditionsreiches Zentrum für Holzschnitzereien ist Sanyi (› S. 90). Das nördlich gelegene Yingge (› S. 77) ist für seine hochwertigen Porzellanwaren bekannt. **Qualitätvolles Kunsthandwerk** finden Sie im **Taiwan Handicraft Center** › S. 67 oder auf dem **Jianguo Weekend Jade Market** › S. 67, beide in Taipeh. Ein schönes Souvenir sind z.B. die **geschnitzten Siegel aus Holz oder Stein** mit dem eigenen Namen auf Chinesisch; erhältlich im Handicraft Center und in vielen Stempel-/Siegelläden im ganzen Land (Steinsiegel 1 Woche im voraus bestellen!).

Echt gut!

Echt gut!

Feste und Veranstaltungen

Die wichtigsten Feste entstammen der chinesischen Tradition, allen voran das **Chinesische Neujahrsfest,** auch **Frühlingsfest** genannt. Daneben gibt es viele lokale religiöse Feste für eine bestimmte Gottheit oder einen Tempel. Nur staatliche Feiertage haben ein festes Datum im westlichen Kalender. Alle anderen richten sich nach dem chinesischen Mondkalender.

Festkalender

1. Januar: Neujahr (Gründungstag der Republik China).

Januar/Februar: Chinesisches Neujahr/Frühlingsfest am ersten Neumondtag.

15. Tag des 1. Monats: Laternenfest mit Feuerwerk in Yanshuei,

Im digitalen Rausch

Als Sitz weltweit wichtiger Hersteller der IT-Industrie ist Taiwan ein Mekka für Computer- und Elektronik-Fans, die das Jahr über bei verschiedenen Messen auf ihre Kosten kommen, v.a. im World Trade Center in Taipeh in der Nähe des »101«. Feste Termine sind die **Taipei Game Show,** Anf. Febr.; **Computex,** Anf. Juni, letzter Tag für allg. Publikum; **Taipei Multimedia Expo,** Anf. Juli; **TICA,** Peripherie, Digicams etc., Anf. Aug.; **Taitronics,** Elektronikmesse, Anf. Okt., letzte beiden Tage für allg. Publikum; **ITMonth,** zwischen Ende Nov. und Anf. Jan. nacheinander in Taipeh, Taichung, Tainan und Kaohsiung.

Kreis Tainan, Laternenschau an der Chiang-Kai-shek-Halle in Taipeh und zentralen Plätzen in anderen Städten. »Säubern des Hafens« in Yeliou.

28. Februar: Friedenstag (Gedenken an den Aufstand vom 28. Februar 1947).

19. Tag des 2. Monats: Geburtstag der buddhistischen **Göttin Guanyin.**

5. April: Totengedenktag (Reinigung der Gräber).

23. Tag des 3. Monats: Prächtige Feiern zum **Geburtstag der Meeresgöttin Mazu** in Beigang, Tainan, Dajia, Lugang und Magong (Penghu-Inseln).

5. Tag des 5. Monats: Drachenbootfest mit Drachenbootrennen an vielen Orten. Parallel dazu findet in Lugang das **Lugang Folk Arts Festival** statt.

13. Tag des 5. Monats: Umzüge für den Stadtgott von Taipeh.

1. Tag des 7. Monats: Geisterfest (Beginn des Geistermonats). Wasserlaternen im Hafen von Keelung.

15. Tag des 8. Monats: Mittherbstfest.

28. September: Geburtstag des Konfuzius (Tag der Lehrer). Zeremonien in Konfuzius-Tempeln, besonders in Taipeh und Tainan.

September 2014: Austronesian Cultural Arts Festival (Kultur der Ureinwohner) in Taitung (alle 2 Jahre)

10. Oktober: Nationalfeiertag

Essen und Trinken

Taiwan zählt zu den kulinarischen Paradiesen dieser Welt. Es bietet einerseits eine eigenständige Küche mit Traditionen und Einflüssen aus Japan, andererseits fassten mit dem Zuzug der Festländer nach 1949 auch alle Regionalküchen Chinas Fuß. Internationale Küche findet man vor allem in ihrer japanischen, thailändischen und westlichen Variante.

Taiwan bietet gute Voraussetzungen für diese kulinarische Vielfalt: frischer Fisch und Meeresfrüchte im Überfluss, subtropische und tropische Obst- und Gemüsesorten sowie Spezialitäten wie Bambussprossen, Pilze, selbst Schlangen aus den Bergen. Preislich ist die Spanne groß: Sie reicht von billigen, aber schmackhaften Gerichten am Straßenstand oder auf den Nachtmärkten (› S. 50) bis zu sündhaft teuren Delikatessen in den Top-Restaurants.

Chinesische Regionalküchen

Die höfische **Peking-Küche** und die rustikale Küche der Provinz **Shandong** verwenden statt Reis Weizen als Grundnahrungsmittel. Die Auswahl an gedämpften Klößen, Nudeln und gefüllten Teigtaschen (餃子 *jiǎozi*) ist groß.

Typisch für die scharfe Küche von **Sichuan** ist Blütenpfeffer, der neben einer brennenden Zunge auch ein pelziges Gefühl hinterlässt. In dem bekanntesten Sichuan-Gericht, dem »Tofu der pockennarbigen Alten« (痲婆豆腐 *mápó dòufŭ*) schwimmen Tofu und Gehacktes in scharfer roter Sauce. Die Küche aus **Hunan** dagegen macht reichlich Gebrauch von scharfem Chili.

Die **Küche Shanghais und der Küste** ist bekannt für ihre exzellenten Meeresfrüchte. Sie ist mild gewürzt und wird mit reichhaltigen und leicht süßen Saucen serviert. Ein beliebtes Gericht ist 扣肉 *kòuròu*, gedünstetes fettes Schweinefleisch. Zum Abschluss eines Essens werden gerne süße Nachspeisen gereicht.

Die **kantonesische Küche** betont Frische und Leichtigkeit durch kurzes, scharfes Anbraten im Wok. Berühmt sind die leckeren Dim Sum (港式飲茶 *Găngshì yĭnchá*), kleine Häppchen, salzig und süß, die jeden Geschmack bedienen und hervorragend zu verschiedenen Tees passen.

Alltagsküche

Die eigentliche taiwanische Küche ist leicht und einfach, macht reichlich Gebrauch von Ingwer und verwendet viele Meeresfrüchte. Typisch sind leicht mit Stärke angedickte Suppen (羹 *gēng*), besonders mit Tintenfisch oder kleinen Aalen (鱔魚羹 *shànyú gēng*). Beliebte Speisefische sind der ebenfalls häufig für Suppen verwendete Milchfisch (虱目魚 *sa-ba-hii*), der schmackhafte Tilapia-Buntbarsch (吳郭魚 *wúguōyú*), der meist im Ganzen zubereitet wird, aber auch für Sashimi Verwendung findet, sowie der gefleckte Zackenbarsch (鱸魚 *lúyú*). Vor allem wegen der Fischeier sind die Meeräschen (鯔魚 *zīyú* oder 烏魚 *wūyú*) beliebt, während der Schwertfisch oder Blaue Marlin (旗魚 *qíyú*) eine eher teure Delikatesse ist. Die glibberigen, aber knackigen Seegurken (海參 *hăishēn*) werden als kalte Vorspeise gegessen. Austern (蚵仔 *ö-a*) hingegen sind preiswert, denn ihre Zucht entlang weiter Strecken an der Westküste macht dies möglich.

Japanische Einflüsse fanden ihren Niederschlag in eingebürgerten Gerichten wie Tempura, frittiertem Gemüse oder der Miso-Suppe. Nudelgerichte, ins-

Vielfältig und lecker: Dim Sum

besondere Nudelsuppen, werden häufig mit dünnen Nudeln aus Reismehl (米粉 *mífěn*) oder aus Bohnenmehl (冬粉 *dōngfěn*) zubereitet.

Um einen Überblick zu gewinnen, empfiehlt sich ein Bummel durch das Untergeschoss eines Kaufhauses, wo sich zahllose **Imbissstände** aneinanderreihen. Die Lebensmittelabteilungen bieten einiges Exotisches wie Longan-Blütenhonig oder in Gukeng angebauten Kaffee – dies und manches mehr eignet sich auch gut als Souvenir.

Ein typisches **Frühstück** besteht aus einer Nudelsuppe oder dünnen Reissuppe, zu der eingelegtes Gemüse, Erdnüsse, Shrimps und Fleischhäppchen gegessen werden. Eine Alternative sind knusprige Eierkuchen, Pfannkuchen oder kleine Dampfnudeln, süß mit roter Bohnenpaste oder salzig mit Fleisch- und Gemüsefüllungen. Man trinkt dazu Sojamilch (豆漿 *dòujiāng*) oder die aus eingeweichten und pürierten Reiskörnern hergestellte Reismilch (米漿 *mǐjiāng*).

Bratnudel- und Bratreisgerichte zu Mittag stellen auch für ausländische Gaumen kaum ein Problem dar. Vielfältiger und meist etwas exotischer ist das Angebot der **Büffetrestaurants,** viele davon rein vegetarisch, erkennbar am buddhistischen Sonnenrad. Für die Taiwaner spielen Suppen in der Alltagsküche eine herausragende Rolle; sie ersetzen häufig Getränke zum Essen. Probieren sollte man in jedem Fall die leckeren **Rindfleischnudeln** in Brühe (牛肉麵 *niúròu miàn*, engl. *beef noodles*), von den Flüchtlingen mitgebracht und in der neuen Heimat weiterentwickelt.

Besonders in der kühleren Jahreszeit laden viele Restaurants zum **BBQ** (Barbecue) oder **Feuertopf.** Mit BBQ ist meist japanisches Teppanyaki gemeint:

Echt gut!

Taiwan für Gourmets

- Ideal für Nachtschwärmer in Taipehs Ost-Bezirk: kantonesische Dim Sum im **City Star.** › S. 66
- Exquisite vegetarische Menüs im 10. Stock mit Aussicht auf die Berge bietet das modernistische **Yangming Spring** in Taipeh. › S. 66
- Hakka-Spezialitäten wie den gestampften Tee (擂茶 *léichá*) und die Bandnudeln (板條 *bǎntiáo*) kostet man am besten im **Laojie Bantiao** in Beipu › S. 92, im **Shengsing Restaurant** bei Sanyi › S. 91, oder im **Hakka Restaurant** in Meinong. › S. 129
- Eine der besten Adressen der taiwanischen Küche für Fisch und Meeresfrüchte ist das **Yongfeng** in Nanfang'ao, alles fangfrisch direkt vom Hafen. › S. 103
- Ebenfalls als eine ausgezeichnete Seafood-Adresse im Süden gilt das edle **Jhang Seafood Restaurant** in Donggang. Spezialitäten sind z.B. der fangfrische Blauflossenthunfisch, Schwertfisch und Tintenfisch › S. 132
- **Tu Hsiao Yueh Tan Tsai Noodles:** Hier gibt's die bekannten Eiernudeln mit Fleischsauce und mehr. Eine Institution in Tainan seit 1895 (in Taipeh: Zhongxiao E. Rd., Sec. 4, Lane 216, Alley 8, 12). › S. 118

frisches Fleisch oder Meeresfrüchte und Gemüse, alles vor den Augen des Gastes auf einer heißen Platte zubereitet. Der Feuertopf (火鍋 *huǒguō)* stammt aus der Mongolei und verwendet als Hauptzutat Hammelfleisch – es gibt aber vielerlei Variationen, häufig mit Fisch und Meeresfrüchten. Die meisten Feuertopf-Restaurants bieten Pauschalangebote, bei denen man die frischen rohen Zutaten an einer Theke holt und sie in der Brühe kurz gart. Die Brühe wird meist in fünf Schärfegraden zubereitet, wobei der mitteleuropäische Gaumen zumindest am Anfang nicht über die zweite Kategorie strapaziert werden sollte.

Bäckereien bieten fantasievolle **Brötchen**- und **Kuchenkreationen** mit fleischiger oder süßer Füllung an. Keine Angst vor dem, was grün oder lila daherkommt: Hier wurden pulverisierter grüner Tee, Taro und Süßkartoffel verwendet.

Getränke

Reiswein wird in Suppen und Saucen zum Kochen verwendet, jedoch kaum getrunken. Die leckeren heißen oder kalten Teemixgetränke (s. Special »Teehäuser« › S. 86) und Früchtemilchshakes warten mit Papaya, Mango, Ananas oder Melone auf. Zum Essen passen das einheimische Taiwan Beer oder importierte Marken, während die aus Sorghum hergestellten chinesischen Schnäpse (高粱酒 *gāoliángjiǔ*), eu phemistisch gerne »Chinese wine« genannt, mit ihren 40–60 % (!) eher zum Desinfizieren der Kehle taugen.
Informationen auf Deutsch zur kulinarischen Kultur Taiwans bietet folgende Website: http://www.taiwan.gov.tw/mp.asp?mp=1508.

Zu Gast in Taiwan

Restaurants sind in der Regel von 11.30–14 und 17–21 Uhr geöffnet, manche auch rund um die Uhr. Beim Essen bestellt man immer mehrere Gerichte für alle, und bezahlt wird grundsätzlich von einer Person; nie würde man eine Rechnung aufteilen. Taiwanische Gastgeber lassen es kaum zu, dass der ausländische Gast zahlt. Daher bricht nur der Form halber ein kurzer Streit um die Rechnung aus, man darf sich aber mit einer Gegeneinladung revanchieren.

Wer genug gegessen hat, sollte Glas oder Teller nicht mehr leeren. Beides würde bedeuten, dass der Gast zu kurz gekommen ist und der Gastgeber zu wenig bestellt hat. Das ließe ihn sein Gesicht verlieren.

Die Stäbchen niemals von oben in die Reisschale stecken, denn das erinnert an die Räucherstäbchen und Opfergaben im Tempel. Die im Westen verpönten Begleitgeräusche beim Essen werden in Taiwan eher toleriert, nicht jedoch das Schnäuzen bei Tisch. Wer dem Alkohol entsagen will oder muss, kann sich energischen Aufforderungen zum Trinken mit dem Hinweis auf religiöse Tabus oder Vorschriften des Arztes entziehen.

Special

Austernomeletts und Fußmassagen

Blinkende Neonlichter, Menschentrauben, Restaurants und Geschäfte, mobile Stände mittendrin: Am späten Nachmittag legen manche Straßen ein neues Gewand an und werden bis zum frühen Morgen zum Nachtmarkt (夜市 *yè shì*). Häufig findet man sie in der Nähe von Tempeln.

Mit ihrer Kombination von Verkaufsständen und einfachen Restaurants sind Nachtmärkte ein sehr wichtiger Bestandteil der Alltagskultur. Gerade hier entfaltet die taiwanische Küche ihre immense Vielfalt und Kreativität. Ein Häppchen an diesem Stand, ein Drink am nächsten, dann eine Suppe im Straßenrestaurant nebenan: Das ist die typische Art, den Abend zu genießen. Die Einkäufe und zur Belohnung Massagen für die müden Füße können jederzeit dazwischengeschoben werden.

Beliebte Nachtmärkte

- **Taipeh:** Snake Alley (Ⓜ Longshan-Tempel), Shilin (Ⓜ Jiantan), Raohe St. (Bade Rd., Sec. 4), Shida Rd. (Ⓜ Taipower Building, Ausg. 3)
- **Keelung:** am Tempel-Vorplatz in der Ren 3rd Rd.
- **Taichung:** in der Fengjia Rd./Wenhua Rd.
- **Tainan:** z.B. Siaobei-Nachtmarkt in der Simen Rd., Sec. 4/Hewei Rd. (Di u. Fr)
- **Kaohsiung:** Liouhe-Nachtmarkt in der Liouhe Rd.

Preiswert einkaufen

Zahllose Stände bieten Artikel des täglichen Bedarfs zu vergleichsweise günstigen Preisen an: Kleidung und Sportschuhe sind im Überfluss vorhanden, allerdings nicht immer in den für Mitteleuropäer erforderlichen Größen. CDs/DVDs und Elektroartikel gibt es ebenfalls reichlich, dazu Uhren und Taschen. Handeln nicht vergessen!

! Viele Produkte sehen aus wie Markenartikel, sind es aber nicht.

Exotische Gaumenfreuden

Unter der angebotenen Vielfalt gibt es viele Gerichte, die auch europäischen Gaumen köstlich schmecken. Zuchtaustern etwa sind so preiswert, dass sie fast schon als normales Nahrungsmittel gelten. Auf jedem Nachtmarkt bekommt man Austernomeletts (蚵仔煎 *ö-a-zän*) mit frischem, gedünstetem Gemüse und einer Art Ketchup oder Austern in einer Suppe mit dünnen Reisnudeln (蚵仔麵線 *ö-a-mi-sua*). Bei den *gēng*-Gerichten (羹) handelt es sich um angedickte Suppen mit Fisch, Tintenfisch oder Fleisch. Tintenfisch wird auch sehr schmackhaft auf dem Kohlegrill zubereitet. Für die etwas Mutigeren gibt es »stinkenden Tofu« (臭豆腐 *chòu dòufŭ*). Er ist fermentiert und wird frittiert mit scharf eingelegtem Chinakohl serviert. Typisch sind zudem die mit Zutaten aus der chinesischen Medizin gedünsteten Schweinerippchen (藥燉排骨 *yàodūn páigŭ*) sowie der mit Meeresfrüchten, Gemüse und Ei servierte Reisbrei (廣東粥 *Guǎngdōng zhōu*).

Man kann sich aber auch ganz auf süße und erfrischende Nachtische verlegen, etwa das puddingähnliche *Dòuhuā* (豆花), wie Tofu aus Bohnen hergestellt, oder *Níngméng Àiyù* (檸檬愛玉), ein aus den Samen einer Feigenbaumart gewonnenes erfrischendes helles Gelee mit Zitrone. Das dunkle, heiße Gelee *Shāoxiāncǎo* (燒仙草) wird im Winter serviert und soll der chinesischen Medizin zufolge dem Körper die Krankheiten verursachende Hitze nehmen.

Entspannende Massagen

Eine echte Wohltat nach einem langen Stadtspaziergang sind Massagen für die Füße, Schultern und den Nacken. Taiwans Massage-Salons sind durchaus seriös: Sie sind zur Straße hin offen und mit den großen Sesseln kaum zu übersehen. Nach der Methodik der Akupressur drücken die Masseure gezielt die Reflexzonen an den Zehen und Fußsohlen, die über die Meridiane (Energieströme) jeweils entsprechende Organe stimulieren sollen. Den Füßen geht es hinterher tatsächlich besser. Wenn der Masseur zu kräftig hinlangt, kann man ihn darauf aufmerksam machen. Eine Massage von 30 Minuten kostet ca. 400 NT, auch inklusive Nacken und Schultern.

Unterwegs in Taiwan

Entdecken Sie die einzelnen Reiseregionen – jeweils mit den schönsten Touren, allem Sehens- und Erlebenswerten, Hotel-, Restaurant-, Nightlife- und Shoppingtipps

Taipeh und der Norden

Nicht verpassen!

- das Panorama vom Wolkenkratzer 101
- das Flair des alten Taipeh in und um den Longshan-Tempel
- das Nationale Palastmuseum mit den Kunstschätzen aus dem chinesischen Kaiserpalast
- die Leckereien der Nachtmärkte
- die Aussicht auf die Nordostküste von den Teehäusern in Jioufen

Karte Seite 56

Zur Orientierung

Schon die kurze Fahrt vom Flughafen Taoyuan nach Taipeh verrät viel über die Hauptstadt und ihre Umgebung. Die Autobahn durchquert eine sattgrüne Hügellandschaft, bis der letzte Teil der Strecke abschüssig wird und ahnen lässt, dass das Becken von Taipeh erreicht ist. Das Blickfeld weitet sich und man überquert den breiten Danshuei-Fluss, der die Stadt im Süden begrenzt. Am gegenüberliegenden Ufer erblickt man das Häusermeer Taipehs und in östlicher Richtung ragt der Wolkenkratzer »101« aus dem Dunst. Wer über das Häusermeer hinwegblickt, erkennt im Norden die Berge des Nationalparks Yangmingshan, an den sich der schmale Streifen der zerklüfteten Nordküste anschließt.

Ziele wie der Küstenort Danshuei mit seinen historischen Sehenswürdigkeiten, der chinesische Garten der Familie Lin in Banqiao und der Zoo in Muzha sind per MRT schnell erreichbar. Mit der Seilbahn gelangt man vom Zoo in das Teeanbaugebiet von Maokong mit seinen vielen Teehäusern, und von der MRT-Station Shilin ist es nur eine kurze Fahrt zum Nationalen Palastmuseum. Heiße Quellen locken in Stadtnähe zur Entspannung: im nördlichen Vorort Beitou, an der nahen Nordküste bei Yeliou und Jinshan sowie im Badeort Jiaosi östlich und in Wulai südlich von Taipeh. Weiter südlich in Cihu erwartet Sie der kuriose Chiang-Kai-shek-Skulpturenpark bei der ehemaligen Residenz des Diktators, der dort auch aufgebahrt ist.

Touren in der Region

Nationalpark und Nordküste

(4) Taipeh › Yangmingshan › Ju Ming Museum › Yeliou › Keelung › Jioufen › Jinguashih › Taipeh

Dauer: 2 Tage/150 km
Praktische Hinweise: Per Mietwagen oder rotem »Royal Bus« am Hauptbahnhof ggü. Gongyuan Rd. 30 über Yangmingshan bis Jinshan. Weitere Busse entlang der Küste.
Wegen des Gedränges v.a. in Yeliou und Jioufen am besten unter der Woche. An Wochenenden und Feiertagen ist der Yangde Blvd. nach Yangmingshan zwischen 8 und 15 Uhr für Pkw gesperrt, dann Umweg über Beitou.

Bei dieser Tour erleben Sie in zwei Tagen die Highlights nördlich von ***Taipeh** › S. 57. Neben dem Park des ****Yangmingshan** › S. 71 sollten Sie auf der Fahrt die Panoramaaussicht über die Hauptstadt nicht verpassen, etwa kurz vor Zhuzihu oder bei Dayoukeng. Sehr originell ist das ***Ju Ming Museum** › S. 71 mit dem Skulpturenpark des weltbekannten Künstlers westlich von Jinshan an der Nordküste. Landschaftlicher Höhepunkt sind die bizarren Kalksteinformationen bei ***Yeliou** › S. 72. Vor der Übernachtung in Taiwans zweitgrößter Hafenstadt **Keelung** › S. 70 kommt man am frühen Abend gerade richtig zum dortigen berühmten Tempel-Nachtmarkt. Den zweiten Tag kann man mit den Befestigungsanlagen oder der riesigen Guanyin-Statue im Zhongzheng-Park der Stadt beginnen, von wo der Blick über die Stadt und den Hafen reicht. Über Rueifang gelangen Sie in die Zwillingsorte ****Jioufen** und **Jinguashih** › S. 72, der eine bekannt für seine Teehauskultur, der andere als früherer Kupfer- und Goldbergwerksort. Beide bieten grandiose Ausblicke über die Nordostküste. Über die A5 ab Keelung geht es zurück nach **Taipeh**.

Im Südwesten Taipehs

⑤ Taipeh › Cihu › Yingge › Sansia › Taipeh

Dauer: 1 Tag/160 km
Praktische Hinweise: Mit dem Mietwagen oder dem Bus 275 B von Songshan Airport oder Kreuzung Zhongxiao E. Rd./Dunhua S. Rd. nach Sansia, von dort weiter per Bus/Taxi nach Cihu und Yingge (letzter Bus von Sansia zurück nach Taipeh um 19.30 Uhr).

Über die A3, Abfahrt Dasi, erreichen Sie von **Taipeh** › S. 57 in ca. 1 Std. ***Cihu** › S. 79, ehemali-

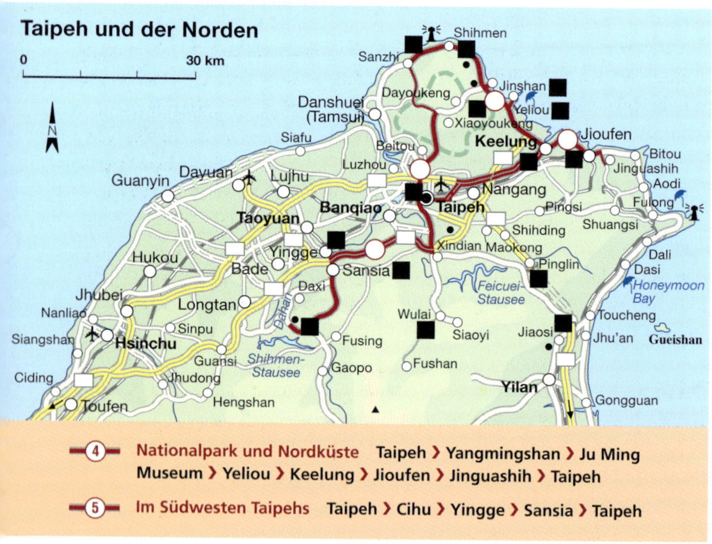

④ Nationalpark und Nordküste Taipeh › Yangmingshan › Ju Ming Museum › Yeliou › Keelung › Jioufen › Jinguashih › Taipeh

⑤ Im Südwesten Taipehs Taipeh › Cihu › Yingge › Sansia › Taipeh

ge Residenz und Aufbahrungsort Chiang Kai-sheks. Der Besuch der Residenz, des Museums und des kuriosen Chiang-Kai-shek Skulpturenparks füllt gut einen Vormittag. Über die A3 Richtung Taipeh gelangt man schnell nach **Yingge** › S. 78, Taiwans Zentrum der Porzellanproduktion mit dem berühmten ****Keramikmuseum.** Dort und in den vielen Geschäften der Old Street kann man nicht nur die lokalen Produkte erwerben, sondern sich auch selbst am Töpfern versuchen. Letzter Stopp der Tour ist der Nachbarort **Sansia** › S. 78, ebenfalls mit einer Old Street und dem großen ***Zushih-Tempel,** bevor es nach **Taipeh** zurück geht.

Unterwegs in Nordtaiwan

1 *Taipeh 1
台北

Die Hauptstadt Taipeh (*Táiběi,* 臺北) zwischen Meer und Bergen, ist die mit Abstand größte Stadt der Insel sowie das politische, wirtschaftliche und kulturelle Herz des Landes. Eine moderne Metropole, die sich in stetigem Wandel befindet. Hochhäuser ragen in den Himmel, nicht weit entfernt ziehen sich baumbestandene Boulevards hin, tauchen kleine Gassen in gemütliche alte Viertel mit Tempeln und Nachtmärkten ein. Moderne Einkaufszentren konkurrieren mit urigen Läden und rund um die Uhr geöffneten Geschäften.

Chiang-Kai-shek-Gedächtnishalle A
中正紀念堂

Ein im Stil der Ming-Dynastie erbautes gewaltiges Ehrentor am Platz der Freiheit eröffnet den Blick auf die Gedenkstätte jenes Mannes, der über Jahrzehnte das Schicksal Taiwans bestimmte: Chiang Kai-shek. Die bombastische 70 m hohe Halle *(Zhōngzhèng Jìniàntáng)* aus weißem Marmor und blauen Ziegeln, früher »Gedächtnishalle für Taiwans Demokratie« (臺灣民主紀念館 *Táiwān Mínzhǔ jìniànguǎn*), wurde 1980, fünf Jahre nach dessen Tod eingeweiht. Die unteren Stockwerke zeigen eine Ausstellung mit Szenen aus seinem Leben (tgl. 9–18 Uhr). Zum Ensemble gehören das im chinesischen Palaststil erbaute Nationale Opernhaus (vom Ehrentor gesehen rechts) und die Nationale Konzerthalle sowie eine chinesische Gartenanlage mit Teichen; heute sind der Platz der Freiheit und seine Grünanlagen beliebte Orte der Entspannung. Es tummeln sich Skateboarder und Eltern mit ihren Kindern, während ältere Leute sich in den Morgenstunden im Tai-Chi und Qigong üben.

Präsidentenpalast Ⓑ
總統府

1919 stellten die Japaner den heutigen Präsidentenpalast *(Zóngtóngfǔ)* mit seinem 60 m hohen Turm als Sitz des Gouverneurs fertig. Die Architekten hatten in Deutschland studiert und wilhelminische Rathäuser als Vorbilder. Über einen Eingang an der hinteren rechten Ecke gelangt man zur Ausstellung im Erdgeschoss mit Memorabilien Chiang Kai-sheks und späterer Präsidenten (Mo–Fr 9–12 Uhr, Einlass bis 11.30 Uhr, Pass vorzeigen).

2.28-Friedenspark Ⓒ
二二八和平公園

Im Friedenspark *(Èrèrbā hépíng gōngyuán)* wird der Opfer des Aufstands vom 28.2.1947 (› S. 32) gedacht. Näheres über dieses Schlüsselkapitel der neueren Geschichte erfährt man hier in einer interessanten Ausstellung im ehemaligen Rundfunkgebäude (Di bis So 10–17 Uhr, letzter Einlass 16.30 Uhr, Feiertage und am darauffolgenden Tag geschlossen).

Im Nordteil des Parks gelangt man zum ältesten Museum Taiwans, dem 1908 im klassizistischen Stil erbauten **National Taiwan Museum** Ⓓ 國立臺灣博物館 *(Guólì Táiwān Bówùguǎn)*. Es dokumentiert Natur und Kultur der Insel (Di–So 10–17 Uhr). Ideal um eine Pause einzulegen, ist **die ehemalige Residenz des Bürgermeisters von Taipeh** aus den 1930er Jahren, heute genutzt als Café, Restaurant und für Ausstellungen (Xuzhou Rd. 46 nahe Hangzhou S. Rd., Tel. 02-2392 9510, tgl. 9–22 Uhr).

Echt gut!

Westlich des Parks und nahe Ⓜ Ximen liegt die beliebte Fußgängerzone **Ximending** Ⓔ 西門町 *(Xīméndīng)* mit vielen Restaurants, Läden und Kinos. Sehenswert ist das Red House von 1908 an einem Platz in der Chengdu Rd. Die ehemalige Markthalle ist heute ein beliebter Ort für Kulturveranstaltungen mit Theater, Kino, Cafés und Restaurants (Di–Do u. So 11–21.30, Fr u. Sa 11–22 Uhr, Tel. 02-2311 9380).

*Longshan-Tempel Ⓕ
龍山寺

Nur eine Station mit der MRT entfernt liegt der 1738 erbaute Longshan-Tempel *(Lóngshānsì)* inmitten des alten Viertels Wanhua. In der zentralen Halle wird die Göttin Guanyin verehrt, in der hinteren Halle neben Mazu viele andere Gottheiten. Hier trifft der Besucher auf eine **Tempel-Atmosphäre wie aus dem Bilderbuch.** Der Haupthof ist erfüllt von dichten Rauchschwaden aus dem großen Bronzekessel, in den die Gläubigen die Räucherstäbchen stecken, und an Festtagen biegen sich die Tische unter den reichen Opfergaben (Guangzhou St. 211, tgl. 6–22 Uhr).

Echt gut!

Eine Parallelstraße weiter kann man den Abend bei Snacks im überdachten Nachtmarkt **Huaxi Street** (Snake Alley) beschließen. In manchen Restaurants werden vor aller Augen Schlangen gehäutet und als Spezialität serviert – nicht jedermanns Sache!

Der Longshan ist einer der ältesten und bedeutendsten Tempel Taiwans

Altes Taipeh

Das Flair des alten Taipeh erschließt sich am eindrucksvollsten bei einem nostalgischen Spaziergang durch die **Dihua Street** G 迪化街 *(Dìhuàjiē)* im Viertel Dadaocheng (M Shuanglian, dann per Bus oder zu Fuß ca. 15 Min.). Liebevoll renovierte Gebäude im alten Fujian-Stil und fantasievolle, »barock« westlich-asiatische Architektur verbinden sich mit den Gerüchen von Apotheken für traditionelle chinesische Medizin und von Geschäften, die allerlei Zutaten für die chinesische Küche feilbieten. Als der Handel mit China noch verboten war, gab es hier jede Menge Schmuggelware.

In der westlich davon parallel verlaufenden Xining N. Rd. 79 zeigt die **Dadaocheng Puppet Hall** H 大稻埕偶戲館 *(Dàdàochéng Ǒuxìgǔan)* eine sehenswerte Ausstellung taiwanischer Theaterpuppen (Tel. 02-2556 8909, www.taipeipuppet.com, Di bis So 10–17 Uhr, oft Veranstaltungen für Kinder am Sa. Nachm., s. Website). Am südlichen Ende der Dihua Street halten die Bewohner des Viertels im kleinen **Hsiahai City God Temple** I 霞海城隍廟 *(Xiáhǎi Chénghuángmiào)* Zwiesprache mit den Göttern. Zum Geburtstag des Stadtgottes am 13. Tag des 5. Mondmonats ist er Schauplatz einer der größten Prozessionen in Taipeh.

Shopping

Teegenießern sei **ABC Tea** ans Herz gelegt (**Ningxia Rd. 115, Nähe Dihua St. und M Daqiaotou, Tel. 02-2553 7815**). Der **englischsprachige Inhaber, Herr Huang, berät Sie gerne** und lädt Sie dabei vielleicht auch zu einer kleinen Teeprobe ein (Mo–Fr 9–18.30 Uhr).

Echt gut!

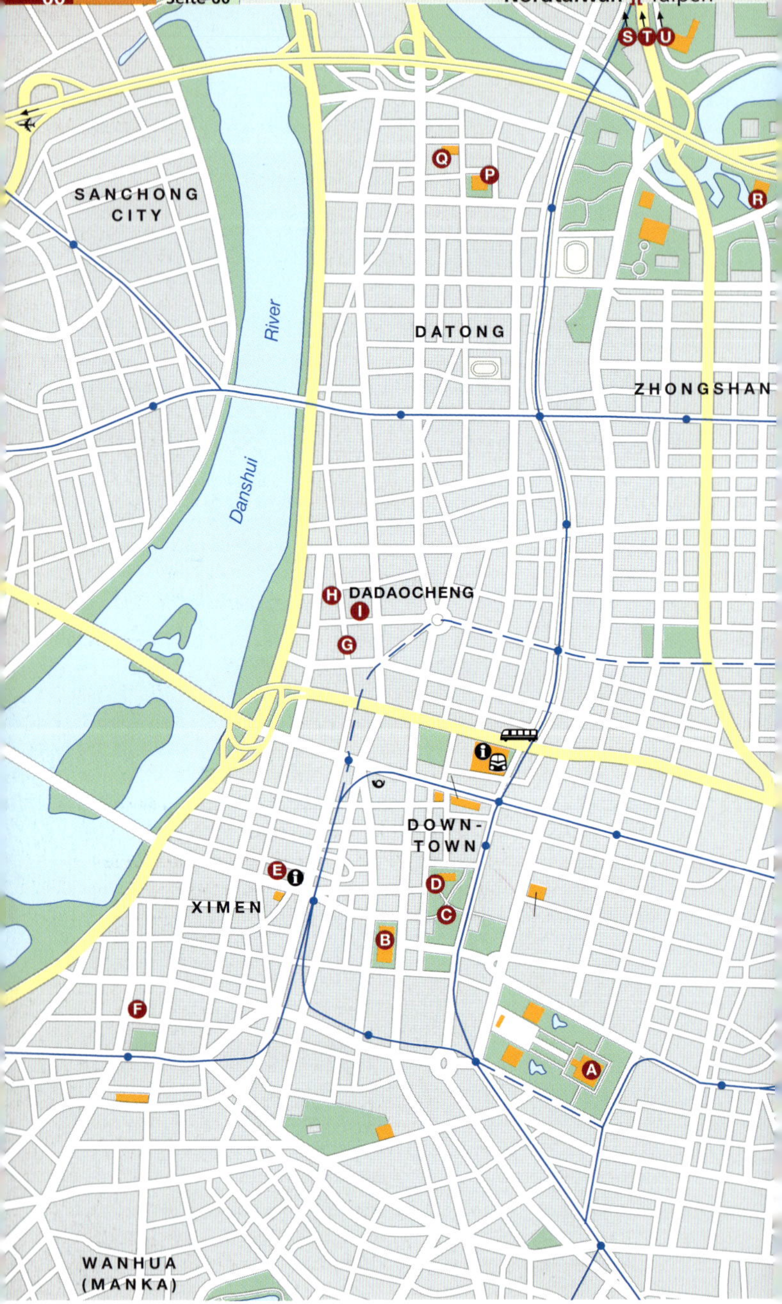
S
T
U
Q
P
R
SANCHONG CITY
River
Danshui
DATONG
ZHONGSHAN
H
DADAOCHENG
I
G
DOWN-TOWN
E
XIMEN
D
C
B
F
A
WANHUA (MANKA)

Karte Seite 60

Taipehs Osten

Ein Paradies für alle Computerfreunde ist der **Guanghua Market** **J** 光華商場 *(Guānghuá Shāngchǎng)*, ein sechsstöckiges Gebäude Ecke Xinsheng N. Rd./Civic Blvd. mit über 200 Läden; die Preise liegen etwas niedriger als in Europa (**M** Zhongxiao Xinsheng, Ausgang 4, an der Kreuzung rechts, ca. 15 Min. zu Fuß, tgl. 10–21 Uhr, am letzten Di im Monat geschlossen). Weitere Computermärkte und ein Jademarkt befinden sich in den umliegenden Straßen.

Nur eine Station weiter, MRT Zhongxiao Fuxing, beginnt der angesagte, hippe **Ostbezirk** **K**, ein Ausgang führt direkt ins riesige Kaufhaus Sogo Pacific. Entlang der Zhongxiao East Road kann man in zahlreichen Boutiquen und Restaurants auf Shoppingtour oder auf eine kulinarische Entdeckungsreise gehen.

An der folgenden MRT-Station gelangt man zur **Sun-Yat-sen-Gedächtnishalle** **L** 國父紀念館 *(Guófù Jìniànguǎn)*, die an den Gründer der Republik China erinnert. Die große Parkanlage mit ihren Teichen ist eine beliebte grüne Lunge für den Ostbezirk, während die Halle als Kulturzentrum dient (tgl. 9–18, Park bis 23 Uhr).

Taipei 101 **M

台北101

Die MRT-Station Taipei City Hall ist Ausgangspunkt für einen Besuch des Taipei Financial District. Ein Shuttlebus bringt Besucher zum Taipei Financial Center *(Táiběi Yī líng yī)*, dem bis 2007 mit 508 m welthöchsten Wolkenkratzer und Wahrzeichen der Stadt. Nach der Anzahl der Stockwerke wird es schlicht »One-O-One« genannt. Einer sich nach oben verjüngenden Bambusstan-

Im modernen Ostbezirk bleiben keine Käuferwünsche offen

ge gleichend, folgt der Turm den Gesetzen des Fengshui. An den Ecken des Gebäudes wachen stilisierte Drachenköpfe. Die runden Elemente an der Fassade sind der Form alter chinesischer Münzen nachempfunden. Aufzüge bringen Besucher vom 5. Stock des Einkaufszentrums in 37 Sekunden zur Aussichtsplattform in der 89. Etage auf 382 m Höhe. Eine von dort sichtbare 660 t schwere, in der Mitte des Gebäudes aufgehängte Stahlkugel soll Schwingungen dämpfen. Zu empfehlen sind die asiatischen und westlichen Restaurants in der 85. Etage. Nur bei gutem Wetter ist die Aussichtsplattform im Freien in der 91. Etage geöffnet (tgl. 9–22 Uhr, Einlass bis 21.15 Uhr, 450 NT).

Echt gut!

Einen tollen Blick auf den 101 aus der Ferne haben Sie vom 2 km entfernten, 171 m hohen Xiangshan (Elefantenberg): Gehen Sie vom 101 die Xinyi Rd., Sec. 5, 500 m nach Osten, hinter der Nr. 126 die Lane 150 nach Süden bis an deren Ende, links vorbei am Sanli Park und folgen Sie den Schildern »Hiking Trail«; beim Tempel geht es dann links den Treppenweg nach oben bis zur Gabelung und schließlich nach rechts bis zu den »Liuju Stone« genannten Felsen.

Shopping

In der Nähe liegen die **Nachtmärkte Raohe Street** N (über die Keelung Rd. nach Norden, dann von der Bade Rd., Sec.4 abzweigend) und **Tonghua/ Linjiang Street** O (über die Keelung Rd. nach Süden).

Drache auf dem Konfuziustempel

Im Nordwesten von Taipeh

Ein weiteres altes Stadtviertel mit zwei Tempeln liegt im Nordwesten der Stadt (M Yuanshan). Im **Konfuziustempel** P 孔廟 *(Kǒngmiào)* wird der große Lehrmeister verehrt, sein Geburtstag am 28. September **mit großem Pomp gefeiert.** Ab 6 Uhr werden die Feierlichkeiten, angeführt vom Bürgermeister Taipehs, mit Prozessionen und klassischer Musik begangen (Dalong St. 275, Di–So 8.30–21 Uhr, So bis 17 Uhr, www.ct.taipei.gov.tw).

Echt gut!

Um die Ecke liegt der **Bao-an-Tempel** Q 保安宮 *(Bǎoāngōng)*, der als bedeutendster daoistischer Tempel Taipehs gilt und in seinem prächtigen Dekor dem Longshan-Tempel kaum nachsteht. Er entstand im Jahr 1760 und verdankt seinen Namen einem gottgleichen Kaiser aus dem 10. Jh., den die Menschen wegen seiner medizinischen Fähigkeiten als Schutzgott verehren (Hami St. 61, tgl. 6–22 Uhr). Im Hof des Tempels finden im 3. Monat des Mondkalenders (ca. April) **Aufführungen der taiwanischen Oper statt**).

An der Zhongshan North Road kann man im **Fine Arts Museum** 美術館 *(Měishùguǎn)*, das sich im Taipei Art Park befindet, die künstlerische Entwicklung der Moderne studieren (tgl. außer Mo 9.30–17.30, Sa bis 20.30 Uhr, www.tfam.museum). Weiter östlich erwartet den Besucher in der Binjiang Street ein architektonisches Kleinod, das **Lin An Tai Old Homestead** Ⓡ 林安泰古厝 *(Lín Āntài Gǔcuò)*. Die in den Jahren von 1785 bis 1823 erbaute Hofanlage einer Kaufmannsfamilie ist das älteste Wohngebäude Taipehs und vermittelt einen guten Eindruck vom Leben der damaligen Oberschicht (Di bis So 9–17 Uhr, www.lin-an-tai.net).

Ein Symbol für den Wandel Taiwans ist die ehemalige **Stadtresidenz Chiang Kai-sheks** Ⓢ 士林官邸 *(Shìlín Guāndǐ)* (zu Fuß ca. 10 Min. von Ⓜ Shilin, Ausg. 2), eine von 15 Residenzen im ganzen Land. Hier lebte der Diktator bis zu seinem Tod 1975. Seit 1996 ist der **riesige Park mit Anlagen im chinesischen und westlichen Stil,** mit Pavillons und Teichen der Öffentlichkeit zugänglich. Ein besonderer Anziehungspunkt ist der große Rosengarten (Fulin Rd. 60, Mo–Fr 8–17 Uhr, Sa/So sowie Juli/August bis 19 Uhr). Die ehemaligen Wohngebäude sind Di-So von 9.30–12 und 13.30–17 Uhr zu besichtigen, es gibt Audioguides auf Englisch.

Zur anschließenden Stärkung empfiehlt sich ein Abstecher zum nahen **Nachtmarkt von Shilin** Ⓣ (Wenlin Rd., Ⓜ Jiantan) mit seinen kulinarischen Köstlichkeiten.

Reges Treiben herrscht auf dem Nachtmarkt Shilin

Karte Seite 60

Info

■ **Taiwan Tourism Bureau**
Dunhua N. Rd., 240, 1-4 F
Tel. 02-2717 3737, 0800-011 765
www.taiwan.net.tw][**tgl. 8–19 Uhr**
■ **Visitor Centers** finden sich am **Hauptbahnhof, East Metro Mall** (Nähe Kaufhaus Sogo), Ⓜ **Ximen, City Hall, Flughafen Songshan, Yuanshan, Jiantan, Beitou, Tamsui.**
■ Infos im Internet: **www.taipeitravel.net** und **www.taiwanfun.com** oder die App »MOTA«.

Verkehr

Vom internationalen **Flughafen Taoyuan, Info-Tel. 03-398 3728,** benötigt man mit dem Taxi ca. 1 Std. ins Zentrum von Taipeh (1000–1500 NT), es verkehren auch Linienbusse wie Freego, Kuokuang (Kingbus) oder Evergreen Bus für 100–150 NT, daneben ein Shuttlebus zur **HSR-Station Taoyuan.** Der **Inlandsflughafen Songshan** liegt im Norden der Stadt (Ⓜ Songshan Airport).

Stadtverkehr

■ **U-Bahn:** Eine einfache Fahrt mit der **MRT (Ⓜ, www.trtc.com.tw)** kostet 20–65 NT, ein Tagesticket 150 NT. Ab 200 NT gibt es eine wiederaufladbare EasyCard mit 100 NT Pfand. Sie gewährt 20 % Rabatt auf jede Fahrt. Auch der »Taipei Pass« für 1, 2, 3 und 5 Tage (180-700 NT) mit weiteren Vergünstigungen kann sich lohnen.
■ **Taxis:** Die ersten 1,25 km kosten 70 NT, jede weiteren 250 m oder 1 Min. 40 Sek. Wartezeit 5 NT. Zwischen 23 und 6 Uhr 20 NT extra.
■ **Fahrräder: YouBike-Stationen (www.youbike.com.tw)** an vielen Stationen im Stadtgebiet. Räder können kurzzeitig gemietet werden, Bezahlung mit MRT EasyCard oder Kreditkarte.

Hotels

■ **Grand Hotel**
Zhongshan N. Rd., Sec. 4, 1
Tel. 02-2886 8888
www.grand-hotel.org
Hoch über dem Keelung River erhebt sich im chinesischen Palaststil eines der Wahrzeichen der Stadt. Interieur und Zimmer sind sehr traditionell. Chinesische und westliche Restaurants, Fitnessbereich, Tennis, Pool. ●●●
■ **W Taipei**
Zhongxiao E.Rd., Sec.5, No. 10
Tel. 02-7703 8888
www.wtaipei.com.tw
Neues modernistisches Top-Hotel mit Blick auf den 101, Rooftop-Pool und sehr großzügigen Zimmern. ●●●
■ **Howard Taipei**
Ren'ai Rd., Sec.3, No. 160
Tel. 02-2700 2323
http://taipei.howard-hotels.com
Zentral gelegenes Oberklasse-Hotel, Outdoor-Pool. ●●●
■ **Spring City Resort**
Beitou District, Youya Rd. 18
Ⓜ **Xin Beitou**][**Tel. 02-2897 2345**
www.springresort.com.tw
Modernes Thermalbad-Hotel mit Zimmern und Restaurants im westlichen und taiwanisch-japanischen Stil. Baden kann man in Außenbecken oder (gegen Aufpreis) in **privaten Thermalbädern.** ●●● Echt gut!
■ **KDM Hotel**
Zhongxiao E. Rd., Sec. 3, 8
Tel. 02-2721 1162
www.kdmhotel.com.tw
Günstiges Haus für Geschäftsreisende nahe Hauptbahnhof, mit taiwanischer Küche. ●●

■ **Royal Palace Hotel**
Da-an Rd., Sec. 1, 81–1
Tel. 02-2776 6599
www.royalpalace.com.tw
Gepflegtes Business-Hotel im Ostbezirk. ●●

■ **Taipei Hostel**
Linsen N. Rd., Lane 5, 11, 6 F
Tel. 02-2395 2950
www.taipeihostel.com
Beliebte Budget-Unterkunft im Zentrum mit Einzel-, Doppel- und Mehrbettzimmern. ●

Restaurants

■ **CityStar**
Zhongxiao E. Rd., Sec. 4., 166, 2 F
Ⓜ Zhongxiao Dunhua, Ausg. 4
Tel. 02-2777 1717
Echt gut! Beste Filiale der für ihre **ausgezeichnete kantonesische Dim Sum** bekannten Kette. Tgl. 24 Std. ●●●

■ **Shanghai Kitchen**
Renai Rd., Sec. 2, No. 67, B1
Tel. 02-2396-5696
Exzellentes Restaurant für Shanghai-Küche, zentral gelegen. Tgl. 11.30 bis 14.30, 17.30–21.30 Uhr. ●●●

■ **346beer**
Bade Rd., Sec.2, 85
Ⓜ Zhongxiao Xinsheng, Ausg. 4
Tel. 02-2509 8346
Das frischeste Taiwan Beer des Landes direkt auf dem Brauereigelände mit typisch taiwanischer Küche. Tgl. 17.30 bis 24 Uhr, Fr und Sa Live-Musik.●●

■ **Chili House Restaurant**
Zhongxiao E. Rd., Sec. 4, 250-3, Eingang in Lane 248
Ⓜ Zhongxiao Dunhua, Ausg. 3
Tel. 02-2772-1707
Dieser Familienbetrieb gehört zu den besten Restaurants für die scharfe Sichuan-Küche. Tgl. 11–14.30, 17.30 bis 21.30 Uhr. ●●

■ **Yangming Spring**
Zhonghua Rd., Sec. 1, 74
Ⓜ Ximen, Ausg. 6
Tel. 02-2370 9288
Echt gut! Die Adresse für **vollendete vegetarische Küche** in modernistischem Ambiente, die Auswahl reicht von einzelnen Gerichten bis zu opulenten Menüs. Tgl. 11.30–21.30 Uhr. ●●

■ **DinTaiFung**
Zhongxiao E. Rd., Sec. 4, No. 218 (Eingang Lane 216)
Ⓜ Zhongxiao Dunhua, Ausg.3
Tel. 02-2721 7890
Äußerst beliebt wegen seiner vielfältigen gedämpften, saftigen Teigtäschchen, wobei man den Köchen im Glaskasten beim Wickeln zusehen kann. Vorher reservieren oder Schlange stehen! Mo–Do 10–14.30, 16–21.30 Uhr, Fr bis 22 Uhr, Sa/So durchgehend bis 22 Uhr. ●●

■ **Jiang House Beef Noodles**
Guangfu S. Rd., Lane 240, No. 1
Ⓜ Sun Yat-sen Memorial Hall, Ausg. 3
Tel. 02-2772 0642
Rindfleischnudeln, Teigtaschen, Gebäck u.a. Tgl. 11–2 Uhr (eingeschränktes Angebot rund um die Uhr). ●●

■ **Sunny Garden Restaurant**
Nanjing E. Rd., Sec. 3, 219, 3 F
Tel. 02-2581 5541
Leckere Peking-Ente, die Wartezeit von ca. 1 Std. lohnt sich, dennoch am besten vorbestellen. Tgl. 11–14, 17 bis 21.30 Uhr. ●●

■ **Taipei Milk King**
Zhongxiao E. Rd., Sec. 4, Lane 49 Alley 4, 10/12
Ⓜ Zhongxiao Fuxing, Ausg. 4

Tel. 02-2771 2866
Früchte-Milchshakes und Menüs.
Tgl. 7.30–24 Uhr. ●

Shopping

- Die **Zhongshan N. Rd.** (Ⓜ Zhongshan) bietet in exklusiven Geschäften internationale Marken.
- Die fliegenden Händler decken sich im **Wufenpu-Modeviertel** ein, das auch bei Touristen beliebt ist (Songshan Rd., Lane 149, Nähe Songshan-Bhf., ca. 15 Min. von Ⓜ Yongchun, Ausg. 5). In der **Songshan Rd.**, Lane 119, Alley 1, No. 4, im selben Viertel und in der südlichen Fortsetzung der Alley bieten mehrere Geschäfte **traditionelle chinesische Kleidung** an.

Echt gut!

- Kaufhäuser sind das **Shin Kong Mitsukoshi** am Hbf., **Sogo Pacific** und **Breeze Center** im Ostbezirk (Ⓜ Zhongxiao Fuxing, Ausg. 4) sowie die **Living Mall** (Bade Rd., Sec. 4, 138, Ⓜ Zhongxiao Fuxing, Shuttlebus bei Ausg. 5).

Echt gut!

In folgenden Läden gibt es **schönes einheimisches Kunsthandwerk:**

- **Taiwan Handicraft Center**
Xuzhou Rd. 1
Ⓜ NTU Hospital, Ausg. 2
www.handicraft.org.tw
Tgl. 9 bis 18 Uhr.
- **Jianguo Weekend Jade Market**
Jianguo S. Rd. unter der Hochstraße, nahe Renai Rd.
Sa u. So 9–18 Uhr.

Nightlife

- **Living Mall** (› s.o.) mit Discos, Pubs und Kinos rund um die Uhr. **Warner Village** (**Xinyi District**) und Umgebung mit Restaurants, Bars und Discos, ebenso im **Ostbezirk** und um die **Anhe Road.**

Shopping-Paradies Living Mall

- **Brown Sugar**
Songren Rd. 101][Tel. 02-8780 1110
Jazz, Blues, Soul und Salsa live.
Tgl. 12–2 Uhr, Shows ab 21.30 Uhr
- **Carnegie's Disco Pub**
Anhe Rd., Sec. 2, 100
Tel. 02-2325 4433
Bei Ausländern beliebter Treffpunkt am Abend, mit Restaurant. Tgl. 11.30–2, Mi, Fr u. Sa bis 5 Uhr.
- **Room 18**
Songshou Rd. 88, Warner's Village
Tel. 02-2345 2778
Disco und Pub, edler Treffpunkt der Schönen und Reichen. Mi, Fr u. Sa 22.30–4 Uhr.
- **Taipei Eye**
Zhongshan N. Rd.][Sec. 2, 113, Eing. Jinzhou St.][Ⓜ Minquan W. Rd.
Tel. 02-2568 2677
www.taipeieye.com

Fr u. Sa Peking-Oper, taiwanisches Puppentheater und Tänze der Ureinwohner.

■ **National Theater Concert Hall**
21-1 Zhongshan South Road
Tel. 02-3393 9888
www.ntch.edu.tw

Ausflüge von Taipeh

***Nationales Palastmuseum Ⓜ 故宮博物院

Taiwans Palastmuseum *(Gùgōng Bówùyuàn)*, Zhishan Rd., Sec. 2, 221, www.npm.gov.tw., zählt zu den bedeutendsten Sammlungen der Welt. Nirgendwo gibt es eine ähnlich umfangreiche und kostbare Ausstellung chinesischer Kunstwerke. Die Exponate aus dem **Kaiserpalast in Peking** gelangten nach langer Odyssee 1949 nach Taiwan. 1965 wurde das Palastmuseum eröffnet.

Die Kaiserliche Sammlung wuchs seit der Song-Dynastie im 10. Jh. und füllte beim Sturz der Monarchie 1911 jeden Raum im Pekinger Palast. Es kann daher jeweils nur ein kleiner Teil präsentiert werden. Die Ausstellung beginnt mit einer Gegenüberstellung der kulturellen Entwicklung Chinas und anderer Weltkulturen. Dauerausstellungen geben einen Einblick in die Kunstgattungen **Malerei, Kalligrafie, Keramik, Jadeschnitzerei** und **Lackarbeiten,** dazu einen chronologischen Überblick über die Dynastien. Besonders kostbar sind die Bronzen, meist Ritualgefäße aus der Zeit der Shang-Dynastie (2. Jt. v. Chr.). Daneben finden regelmäßig Wechselausstellungen statt. **Children's Gallery** v.a. für Kinder von 7–12 Jahren. Kostenlose engl. Führungen (10, 15 Uhr), Audioführer (Englisch) 200 NT, App für iphone und Android (Englisch).

Ab Ⓜ Shilin vom Nordausgang an der Zhongzheng Rd. Bus R30 bis zum Eingang oder Busse 255, 304, Minibus 18 oder 19 zum Vorplatz unterhalb des Museums. (Tgl. 8.30–18.30, Mi, Fr, Sa bis 20.30 Uhr; 160 NT, Children's Gallery Mi nachm. geschlossen, nur Sa bis 20.30 Uhr.)

Restaurant

Café im EG, **Teehaus** im 4. Stock, Restaurant **Silks Palace** im modernen Nebengebäude. Auf dem Rückweg passieren die Busse den **Nachtmarkt von Shilin** (Ⓜ Jiantan, › S. 64).

Ans Meer und zu heißen Quellen

Im Fischerhafen **Danshuei/Tamsui** 淡水 *(Dànshuǐ)* an der Mündung des gleichnamigen Flusses kann man der Hektik der Großstadt entkommen. Hier gibt es eine schöne Uferpromenade mit Radweg und Restaurants. Am Vormittag sind der Markt im Ortszentrum rechts von der Zhongzheng Rd. und der Longshan-Tempel (Zhongshan Rd. 22) sehenswert. Weiter westlich lohnt sich eine Besichtigung des Fuyou-Tempels (Zhongzheng Rd. 200) von 1796, welcher der Göttin Mazu geweiht ist. Das **Fort San Domingo** etwas flussabwärts geht in seinen Ursprüngen auf die Spanier im Jahr 1629 zurück. Das benachbarte Kolonialgebäude mit umlaufenden Kolonnaden wurde 1891 errichtet und war bis 1972 das britische Konsulat. Danshuei ist vom Hbf. Taipeh in ca. 35 Min. zu erreichen (Ⓜ Tamsui Line, Endstation. Manche Züge fahren nur bis Beitou!).

Auf dem Rückweg lohnt ein Halt im historischen Badeort ***Beitou** 北投 *(Běitóu)* mit seinen heißen Quellen. Im Beitou Park bietet das **Hot Spring Museum** einen Einblick in die Badekultur vergangener Tage (Di–So 9–17 Uhr), und die umliegenden Straßen sind von zahlreichen Badehäusern und -hotels gesäumt. Den dampfenden See im nahe gelegenen Hot Spring Valley sollten Sie ebenfalls nicht verpassen (Ⓜ Xin Beitou).

Hotel und Restaurant

Spa Resort Ye Lin
Xingyi Rd. 269, bei Beitou
Tel. 02-2875 1234
Echt gut! Hübsches Resort mit **Freibecken und Blick auf die Berge** sowie ein Thai-Restaurant (tgl. 8–5 Uhr, Küche 11.30-3 Uhr). Ab Ⓜ Shipai ca. 10 Min. per Taxi oder Bus 508, 535, 536. ●●

Garten der Familie Lin
林家花園

Dieser klassische chinesische Garten *(Línjiā Huāyuán)* liegt im südlichen Vorort Banqiao und **gilt als der schönste in ganz Taiwan.** (Echt gut!) Die Kaufmannsfamilie Lin war durch den Handel mit Reis, Salz, Tee, Kohle und Kampfer zu Reichtum gelangt und Ende des 19. Jhs. größter Grundbesitzer Taiwans. Die Anlage entstand 1853–1893 mit mehreren Teichen, Gärten sowie kunstvoll dekorierten Gebäuden mit Studierzimmer, Theaterbühnen und repräsentativen Bankethallen. Sie verbindet harmonisch die Elemente Wasser, Stein und Pflanze mit traditioneller Wohnarchitektur (Ximen St. 9, Ⓜ Fuzhong, Ausg. 3, Tel. 02-2965 3061, www.linfamily.tpc.gov.tw/, tgl. 9–17 Uhr, 1. Mo im Monat geschl., Einlass bis 16 Uhr, Eintritt frei, engl. Führung nach Anmeldung 1 Woche im Voraus).

Echt gut!

Die schönsten Gärten und Parks

- Die riesige Anlage der ehemaligen **Chiang-Kai-shek-Residenz** in Taipeh vereint chinesische und westliche Gartenkunst. › S. 64
- Der schönste klassische chinesische Garten in Taiwan ist der **Garten der Familie Lin** in Banqiao bei Taipeh. › S. 69
- Der **Yangmingshan-Park** bei Taipeh bietet ein Kaleidoskop der Vegetation Taiwans. › S. 71
- Im **Ju-Ming-Skulpturenpark** an der Nordküste hat der weltbekannte Bildhauer Ju Ming ein grandioses Freilichtmuseum verwirklicht. › S. 72
- Der **Wu-Garten** in Tainan vereint japanische Architektur und klassische chinesische Gartenkunst. › S. 116
- Tropische Gewächse kann man im **Sheding Nature Park** in Kending bewundern. › S. 133

Zoo von Taipeh
木柵動物園

Der Zoo im Südosten der Hauptstadt *(Mùzhà Dòngwùyuán)* gehört zu den schönsten Tierparks Asiens. Einige Abteilungen sind den endemischen Arten Taiwans und dem asiatischen Regenwald gewidmet. So findet man heute seltene Sikahirsche, Schwarzbären und Wolkenleoparden (Ⓜ Taipei Zoo, tgl. 9–17 Uhr, Einlass bis 16 Uhr, www.zoo.gov.tw).

Teehäuser von Maokong 貓空茶坊

Bis spätabends kann man eines der Teehäuser *(Māokōng cháfáng)* in den nahen Hügeln von Maokong besuchen. Eine Seilbahn mit spektakulärer Aussicht fährt vom Zoo dorthin (tgl. außer Mo, bis 21 Uhr, Fr/Sa bis 22 Uhr).

Restaurant

Yúanxùyuán-Teehaus 緣續緣,
Zhinan Rd., Sec. 3, Lane 38, 16-2
Tel. 02-2936 7089
Nähe Maokong-Station. In chinesischem Stil mit Karpfenteich.
Di–Do, So 11–2, Fr/Sa bis 4 Uhr, warme Küche bis 21 Uhr. ●●

Keelung 2 基隆

Zweitgrößte Stadt des Nordens und Taiwans zweitgrößter Hafen nach Kaohsiung ist Keelung *(Jīlóng,* 390 000 Einw.), das wegen seiner strategischen Lage immer ein begehrter Stützpunkt war. Im 17. Jh. errichteten die Spanier auf der vorgelagerten **Friedensinsel** 和平島 *(Hépíngdǎo)* das Fort San Salvador, bevor Niederländer sie vertrieben. 1884 hielten Franzosen Keelung kurzzeitig besetzt. Entsprechend reich ist die Stadt an historischen Befestigungsanlagen. Der Hafen wird überragt von den grünen Hügeln des **Zhongzheng-Parks,** wo die 22 m hohe Guanyin-Statue den Schiffen den Weg weist. Stufen im Inneren der Statue führen zu einer Aussichtsplattform. Einen schönen Ausblick gewährt das 1884 errichtete **Fort Shiqiuling** 獅球嶺砲台 *(Shīqiúlǐng pàotái)* außerhalb der Stadt.

Bei Einheimischen ist Keelung vor allem wegen des berühmten **Tempel-Nachtmarkts** 基隆廟口夜市 *(Jīlóng miàokǒu yèshì)* beliebt, der zu den größten Taiwans zählt (Ren 3rd Rd., tgl. 17–2 Uhr). Unbedingt probieren sollte man die Leckereien aus dem Meer.

Den ganzen siebten Mondmonat findet das **Keelung Ghost Festival** statt. Höhepunkt ist der 14. Tag mit dem Aussetzen der Wasserlaternen im Hafen.

Info

Keelung Tourist Information Center
Gangxi St. 1][Tel. 02-2428 7664
http://tour.klcg.gov.tw
Mo–Fr 8.30–17, Sa/So 9–16 Uhr

Hotels

■ **Evergreen Laurel**
Zhongzheng Rd. 62-1
Tel. 02-2427 9988
www.evergreen-hotels.com
19-stöckiges Oberklasse-Hotel mit stilvollen Zimmern und Blick über den Hafen und die Berge. ●●●

Karte Seite 56

■ **Imperial (Huaguo Dafandian)**
Ai 3rd Rd., Lane 49, 18
Tel. 02-2426 7101
Nahe dem Nachtmarkt, gepflegte 2- bis 4-Bett-Zimmer. ●●

**Nationalpark Yangmingshan 3 陽明山國家公園

Taipehs Wohnsiedlungen reichen bis an den Rand des Nationalparks Yangmingshan *(Yángmíngshān Guójiā Gōngyuán)*. Dessen höchste Erhebung ist mit 1120 m der **Sieben-Sterne-Berg** *(Qīxīngshān)*. Vom Yangde Blvd., der zum Park führt, bieten sich besonders kurz vor Zhuzihu (竹子湖) wunderschöne Ausblicke über Taipeh. Die Straße führt direkt bis zum Visitors Center (www.ymsnp.gov.tw), wo auch Übersichtskarten erhältlich sind. Von der berühmten Blumenuhr aus kann man den artenreichen **Park mit seinen Bambushainen, Baumfarnen und exotischen Blumen** begehen. Viele Ausflügler kommen zwischen März und Juni hierher, um die Kirschblüte zu sehen.

Echt gut!

Vulkanische Aktivität zeigt sich in den Schwefel ausstoßenden Dampflöchern von **Xiaoyoukeng**, östlich Richtung Jinshan bei **Dayoukeng** und in den vielen heißen Quellen in der Region.

Von Taipeh erreicht man den Park ab Ⓜ Jiantan oder Shilin mit dem Bus R5. Der Shuttlebus 108 verbindet die Stationen innerhalb des Parks einschließlich Xiaoyoukeng.

Nationalpark Yangmingshan

Entlang der Nordküste 北海岸

Die 101 A führt nach Westen über Serpentinen die bewaldeten Hänge hinunter bis nach Sanzhi, von wo aus die P 2, auch als »North Coast Highway« bezeichnet, um die ganze Nordküste *(Béi Hăi'àn)* bis nach Yilan führt. Die Nordspitze der Insel, das **Kap Fuguei 4**, zeichnet sich durch verwitterte Lavabrocken aus der vulkanisch aktiven Zeit des Yangmingshan sowie den angrenzenden Sandstrand der Baisha-Bucht aus. Sie wird durch den 30 m hohen schwarz-weißen Leuchtturm markiert, den die Japaner kurz nach der Übernahme Taiwans im Jahr 1897 errichteten. Die andere Route über die P 2A führt quer über den Yangmingshan direkt an die Nordküste bei Jinshan.

Wenige Kilometer westlich von Jinshan landeinwärts lohnt ein Abstecher zum ***Ju Ming Museum 5**. Die großen Tai-Chi-Figuren des 1938 geborenen Bildhauers Ju Ming zieren weltweit viele öffentliche Plätze, im **weitläufigen Parkgelände stehen Holz- und Stahlarbeiten.** Einen weiteren Schwerpunkt bilden Werke zeitgenössischer Künstler. Ju arbeitete als Holzschnitzer in buddhistischen Tempeln, bevor er 1968 eigenständiger Künstler wurde (www.juming.org.tw, Tel. 02-2498 9940), Di–So 10–17, Mai–Okt. bis 18 Uhr, vor Chinesisch-Neujahr ca. 2 Wochen geschl., kostenloser Shuttlebus vom Rathaus Jinshan, Di–Fr 10.30, 14 Uhr, Sa/So auch 12.30 Uhr).

echt gut!

Jinshan 6 金山

Der Fischerort Jinshan (*Jīnshān*, 21 000 Einw.) liegt an der zerklüfteten Nordküste. Hier locken mehrere **heiße Quellen**, etwa die von Bayan (s. Special › S. 74) ca. 5 km entfernt, und zwei lange Sandstrände. Im historischen Zentrum um die Jinbaoli Street mit schönen Backsteingebäuden aus japanischen Tagen kann man Marktatmosphäre der guten alten Zeit schnuppern. Dort werden lokale Spezialitäten angeboten, beim Guangan-Tempel kann man leckere Meeresfrüchte oder die in ganz Taiwan bekannte Jinshan-Ente kosten, z.B. vor dem Tempel am Stand *Yāròu o* 鴨肉哦.

Hotel

Jinshan Youth Activity Center
Cingnian Rd. 1
Tel. 02-2498 1190 (Durchwahl 4)
http://chinshan.cyh.org.tw/eng/
Nahe dem Zentrum. Gemütlich eingerichtete Zimmer für 2 bis 6 Pers. im Hauptgebäude und in frei stehenden Häusern. Großer Spa-Bereich und eigener Strand. ●

*Yeliou 7 野柳

Auf einer spitz zulaufenden Halbinsel haben Erosion und Wellengang bei Yeliou (*Yéliǒu*) sehr bizarre Formationen aus dem Kalkstein gewaschen. Sie sehen aus, als wären sie von Künstlerhand geformt. Einheimische gaben ihnen so fantasievolle Namen wie »Feenschuh« oder »Königinnenkopf«; »Dinosaurier« sollen zu sehen sein und der verlorene »Schuh der Cinderella«. Bei klarem Wetter reicht der Blick bis zum 50 km entfernten Nordostkap von Bitou (tgl. 8-17, Mai bis Sept. bis 18 Uhr).

Hotel

Howard Beach Resort Pacific Green Bay
17 Feitsui Rd.][Wanli Township Taipei Co.][Tel. 02-2492 6565
http://greenbay.howard-hotels.com.tw
Luxuriöses Resort mit Blick über die Bucht, schönem Sandstrand und Golfplatz in der Nähe. ●●●

2 **Jioufen 8 九份 und Jinguashih 金瓜石

Von 1890 bis in die 1930er-Jahre war **Jioufen** (*Jiǔfèn*, 4000 Einw.) ein verruchtes Goldgräbernest, bis die Japaner die Vorkommen erschöpft hatten. Nach langem

Dornröschenschlaf erwachte der Ort 1989 zu neuem Leben, als der Regisseur Hou Hsiao-hsien hier seinen Film »Stadt der Trauer« drehte (› S. 44). Heute versprüht Jioufen mit seinen verwinkelten Treppen und Gassen, mit Teehäusern, Imbissständen, Galerien und japanischen Gebäuden das Flair des alten Taiwan. Genießen Sie die grandiose Aussicht über die Nordküste von der Terrasse eines der Teehäuser oder Cafés!

Der benachbarte ehemalige Gold- und Kupferbergbauort **Jinguashih** *(Jīnguāshí)* ist touristisch weniger erschlossen und bietet eine ähnliche Atmosphäre wie Jioufen. Von historischer Bedeutung ist der Gold Ecological Park mit einem Museum über den Goldbergbau, in dem eine Ausstellung auch das Schicksal der mehr als 1000 alliierten Kriegsgefangenen dokumentiert, die von 1942 bis 1945 in den Stollen von Jinguashih (jap. Kinkaseki) unter unmenschlichen Bedingungen Kupfererz abbauen mussten (Jinguang Rd. 8). Sehenswert sind außerdem die Residenz des japanischen Kronprinzen Hirohito, extra für einen nicht stattgefundenen Besuch 1922 errichtet, und der Shinto-Schrein oben auf dem Hügel (www.gep.ntpc.gov.tw).

Restaurant

Teehaus Beicing Chengshih
Treppengasse Shuci Rd. 35
Jioufen][Tel. 02-2496 9917
Gute Tees, Mittagsgerichte und Snacks. Hier fand ein großer Teil der Dreharbeiten zu »Stadt der Trauer« › S. 44 statt (daher auch der Name des Teehauses). Tgl. 10–20/21 Uhr, Sa u. So länger. ●●

In den Gassen von Jioufen

Die Nordostküste 東北海岸

Von Jioufen führt die K 102 durch eine reizvolle Berglandschaft hinunter ins Tal von Shuangsi und auf die P 2 nach **Fulong** mit einem der besten Sandstrände der Nordostküste *(Dōngběi Hǎi'àn)*. Kurz vor Fulong zweigt der **Caoling Trail** ab, ein Handelsweg, der 1807 entlang alter Pfade der Ureinwohner angelegt wurde, um Taipeh mit der Ostküste zu verbinden. 8,5 km davon sind als Wanderweg erhalten, der durch Wälder, über Wiesen und Hügel zum Küstenort Dali führt.

Special

Die heilende Kraft des Wassers

Erdbeben und heiße Quellen

Im East Rift Valley › S. 107 stoßen eurasische und philippinische Platte aneinander, weshalb regelmäßig leichte Erdbeben das Land erschüttern. Der Nationalpark Yangmingshan › S. 71 bei Taipeh weist hingegen mit seinen Dampflöchern darauf hin, dass Taiwan Teil einer vulkanischen Inselkette ist. Zur Entspannung müder Körper hält diese geologisch aktive Zone eine Wohltat bereit: heiße Mineralquellen *(wēnquán)*. Ein Japaner eröffnete 1896 das erste Badehaus in Beitou › S. 69 bei Taipeh. Heute ist das Baden in heißen Quellen, das die Leute genüsslich 泡湯 *pào tāng* (»sich in die Suppe legen«) nennen, ein beliebtes Freizeitvergnügen, besonders in der kühlen Jahreszeit.

Luxuriöse Badetempel

Meistens wird das Quellwasser vor Ort in Hotels geleitet, die ein komplettes Wellness-Programm mit Massagen und verschiedenen Bädern anbieten, verbunden mit kulinarischen Genüssen. Wo die Becken nach Geschlechtern getrennt sind, kann man nach vorheriger Körperreinigung nackt ins Wasser steigen, sonst behält man die Badekleidung an.

Viele Hotels pflegen einen Stil mit japanischer oder thailändischer Dekoration und entsprechender Küche. Moderner gestaltet sind die neueren Resorts, doch wer es nostalgisch mag, sollte eine der liebevoll renovierten Einrichtungen aus der japanischen Zeit wählen. Wer nur ein Bad genießen möchte, kann die Hotels auch für nur ein paar Stunden ohne Übernachtung aufsuchen.

■ **Whispering Pine Inn**
Youya Rd. 21][Taipeh/Beitou
Tel. 02-2891 2063][Fax 2891 2037
Denkmalgeschütztes Spa-Hotel von 1934. Gäste können zwischen Betten und Tatami, den japanischen Reisstrohmatten, wählen. Sehr schöne Holzeinrichtung; japanischer Garten. ●●

■ **Reikei Hot Spring Resort**
Guanzihling 61-5][Baihe Town
Tainan Co.][Tel. 06-682 2588
service@reikei.com.tw
Die Region zwischen Tainan und Chiayi ist bekannt für das stark mineralhaltige, schlammige Wasser, das die Haut gut pflegen soll. Das Hotel bietet auch Akupressurmassagen, Kalt-Warm-Bäder sowie Dampfbäder und Badebecken im Garten. Eine besondere Attraktion ist austretendes natürliches Gas, das sich bei den Quellen an der Oberfläche entzündet. ●●

■ **Cingcyuan Spa Resort**
Wenhua Rd. 5][Wencyuan Village
Checheng Town][Pingdong Co.
Tel. 08-882 4120][Fax 882-4126
Das traditionelle Hotel bietet Zimmer im japanischen und westlichen Stil und einen japanischen Garten mit Außenbecken. Der jüngere Bruder Kaiser Hirohitos verbrachte 1930 hier seine Flitterwochen. ●●

Schwefel und Kohlensäure

Von den 137 Spa-Zentren des Landes konzentrieren sich die schwefel- und sulfathaltigen Quellen im Norden (pH-Wert 1–5), während andernorts die milden kohlensäurehaltigen Quellen vorherrschen (pH-Wert 7–9).

Baden in freier Natur

Vielerorts wuschen die heißen Quellen natürliche Becken aus dem Gestein, die zur Entspannung einladen, beispielsweise die **Quellen von Bayan,** ca. 30 km von Taipeh › S. 72: saure Sulfatquelle mit 55–98 °C, pH-Wert 3–4, die sich mit dem kalten Wasser des Bergbachs mischt. Von Taipeh über den Yangde Blvd. auf der P 2 A Richtung Jinshan bis 8,8 km nach der großen weißen Brücke von Macao zum Ba Ian Hot Spring Resort (八煙溫泉會館) linker Hand bei km 5,1. Von hier zu Fuß ca. 25 Min. den Zufahrtsweg hinunter, in der Kurve dem Fußweg am Flusslauf und nach dem Steg dem Nebenbach links folgen. Oder mit dem roten Royal Bus Abfahrt Richtung Jinshan meist zur vollen Stunde ggü. Gongyuan Rd. 30 (Nähe Hbf.) für 130 NT in ca. 75 Minuten.

Auf der **Grünen Insel** › S. 137 gibt es eine von weltweit nur drei heißen Meerwasserquellen (Jhaorih Hot Springs). Das Meerwasser erhitzt sich unterirdisch und wird dann nach oben gepresst.

Die Küstenstraße P 2 führt im Süden zu dem mit einem weißen Leuchtturm markierten östlichsten Punkt Taiwans, dem **Kap Sandiao** 三貂角 *(Sāndiāo jiǎo)*. Bis Dasi geht es immer dicht an der Küste entlang. Der beliebte Sandstrand der **Honeymoon Bay** 蜜月灣 *(Mìyuèwān)* ist gut zum Baden, Surfer erwarten bis zu 3 m hohe Wellen. Vor Ort gibt es Geschäfte mit Surfzubehör und Surfkurse (www.spidersurfing.com).

Der bekannte Badeort **Jiaosi** **9** (37 000 Einw.) liegt hinter Toucheng an der P 9. Außer der attraktiven öffentlichen Badeanlage im Jiaosi Hot Spring Park reihen sich in den umliegenden Straßen zahlreiche Spa-Hotels dicht an dicht. Sogar am Bahnhofsvorplatz kann man die Füße in warmen Becken baumeln lassen. Nur 2 km entfernt stürzt in den dicht bewaldeten Hügeln der Wufongci-Wasserfall in drei Stufen über 100 m in die Tiefe.

Oolong & Co.

Taiwans Höhenlagen mit feuchtem Klima bieten dem Teeanbau ideale Bedingungen. So gibt es den grünen Tee der Sorte Longjing aus Sansia sowie aromatischen Schwarztee vom Sonne-Mond-See. Was im Westen oft als »Jasmintee« bezeichnet wird, heißt hier »Blütentee«. Typisch für Taiwan sind die halb fermentierten Oolong-Tees. Zu den leichten Sorten gehören der Wenshan Baochong aus Pinglin und der Dongding aus Lugu.

Hotels

Hotel Royal Chiao Hsi
Wufong Rd. 69][Jiaosi
Tel. 039-886 288
www.hrjhotel.com.tw
Neues modernistisches Top-Hotel am Ortsrand mit Spa-Bereichen innen und außen. Zimmer und Restaurant mit weitem Blick über die Ebene von Yilan. ●●●

Les Champs
Jiaosi Rd., Sec. 6, 6][Jiaosi
Tel. 03-987 4888
www.leschamps.com.tw
Luxuriöses Spa-Hotel. Geräumige Zimmer, Restaurant mit Blick auf das **Mineralschwimmbad im Freien,** Raum für Mahjong, das chinesische Dominospiel. ●●

Echt gut

Teeplantagen von Pinglin 10 坪林

Den bekannten Teeanbauort **Pinglin** (*Pínglín*, 6000 Einw.) erreicht man von Taipeh auf der Autobahn 5 Richtung Yilan kurz vor dem Schneebergtunnel 雪山隧道 *(Xuěshān Suìdào)* nach etwa einer halben Stunde Fahrt. Wie ein grüner Teppich ziehen sich die Teeplantagen über die Hügel. Hier wird der bekannte Baochong-Tee angebaut. Das **Teemuseum** auf dem östlichen Flussufer informiert über Teeherstellung und Teeanbau in Pinglin (Tel. 02-2665 6035, tgl. 9–17, Sa u. So bis 18 Uhr, 1. Mo im Monat geschl.). Schöne Ausblicke über die Teeplantagen genießt man von der **Pinglin Cycle Route,** einem

15 km langen Rundweg, der 700 m hinter dem Ortsausgang Richtung Yilan beginnt und über Hügel und ein kleines Flusstal zurück nach Pinglin führt. Fahrradverleih beim Hehuan Campingplatz, Shueide Cun 5-1.

Restaurant

Hehuan Chayan Canting
Shueisong Cikeng 28][Pinglin
Tel. 02-2665 7776
Restaurant, das in seinen Gerichten Teeblätter als Zutat verwendet.
Tgl. 11–18.30, Sa/So bis 19.30 Uhr. ●●

Heiße Quellen von *Wulai 11
烏來

Kurz nach dem Taipeher Vorort Sindian zweigt die 9 A von der P 9 ab zum Ort **Wulai** (*Wūlái*, 5000 Einw.) (per Bus 849 ab MRT Xindian). Hier leben Ureinwohner aus dem Volk der **Atayal,** das rund 80 000 Menschen zählt. Inzwischen haben sie sich den touristischen Bedürfnissen angepasst und **verkaufen Kunstgewerbe und kulinarische Spezialitäten.** Echt gut!

Wulai bietet einige der am schönsten gelegenen heißen Quellen in der Umgebung Taipehs. Am gegenüberliegenden Ufer des Nanshisi-Flusses kann man inmitten der bewaldeten Hügellandschaft in den heißen Quellen kostenlos im Freien baden, im Ort selbst gibt es zahlreiche Spa-Hotels. Eine weitere Attraktion ist der große **Wasserfall** von Wulai 2 km außerhalb unterhalb von

In den heißen Quellen von Wulai

Zedernwäldern. Er ist 80 m hoch und zu Fuß oder mit einer kleinen Straßenbahn erreichbar. Daneben führt eine Seilbahn über die Fälle hinweg zum **Dreamland,** einem Vergnügungspark für Kinder.

Restaurants

In vielen Restaurants kann man die traditionelle Küche der Atayal kosten. Typisch sind Gerichte wie wildes Berggemüse, Betelnussblütensuppe, frittierte Flusskrebse, Wildschwein oder im Bambusrohr gegarter Reis.

■ **Aboriginal Restaurant**
原住民美食餐廳
(Yuánzhùmín Měishí Cāntīng)
Pubu Rd. 12][Tel. 02-2661 7725
Hübsches Restaurant mit **Blick auf den Wasserfall und Tanzaufführungen** (10, 10.50, 11.30, 14, 15 Uhr, jeweils 40 Min., 350 NT). Tgl. 8.30 bis 17 Uhr ●● Echt gut!

■ **Restaurant der Atayal-Großmutter** 泰雅婆婆美食店
(Tàiyǎ Pópó Měishídiàn)
Wulai St. 14][Tel. 02-2661 6371
Spezialitätenrestaurant am Dorfeingang. Tgl. 10–22 Uhr, Fr u. Sa länger. ●●

3 Yingge 12 鶯歌

Über die A 3 Richtung Süden gelangt man nach Yingge (*Yínggē,* 84 000 Einw.), Taiwans Zentrum der Keramik- und Porzellanherstellung. Die Produktion von Tonwaren in Yingge reicht zurück bis ins Jahr 1804. Die Verfügbarkeit von guter Tonerde in der Nähe und von Holz in den umliegenden Wäldern, womit hochwertige Holzkohle zum Brennen der Tonwaren gewonnen werden konnte, machte Yingge bald zur Quelle von Tonwaren bester Qualität. Der Oberlauf des Dahan-Flusses, der sich in Taipeh zum Danshuei-Fluss verbreitert, und die Lage an damals wichtigen Straßenverbindungen trugen zum frühen Geschäftserfolg bei. Mit der Unterbrechung der Handelsbeziehungen zu China und Japan nach 1949 begann die Porzellanproduktion. Seit den 1970er-Jahren hat man sich hier auch auf die Herstellung künstlerisch hochwertiger Porzellanwaren spezialisiert. Heute wird von Alltagsgeschirr über Kunstwerke, Ziegel und Industriekeramik die gesamte Palette der Branche abgedeckt.

Um die Jhongshan 1st Road erstreckt sich die sogenannte **Old Street,** eine schmucke Fußgängerzone voller Keramik- und Porzellangeschäfte, die zum Stöbern einladen. In vielen Geschäften kann man auch selbst töpfern.

Im Jahr 2000 eröffnete das ****Keramikmuseum,** ein prächtiger moderner Glaspalast kurz vor dem Ortseingang. Die Ausstellungen sind nur auf Chinesisch erläutert, aber es gibt Englisch sprechendes Personal und Audioguides auf Englisch. Die Dauerausstellung erklärt Verfahren der Keramikherstellung sowie deren Geschichte in China, Taiwan und speziell in Yingge. Wechselausstellungen decken weitere interessante Themen ab, daneben gibt es Töpfer-Workshops. Der Museumsshop verkauft **hochwertiges Porzellan** (Wenhua Rd. 200, Tel. 02-8677 2727, tgl. 9.30–17, Sa/So bis 18 Uhr, 1. Mo im Monat geschl., Eintritt frei, www.ceramics.ntpc.gov.tw und www.kids.ceramics.ntpc.gov.tw).

Echt gut

Sansia 13 三峽

Der großartige ***Zushih-Tempel** 祖師廟 *(Zǔshī miào)* im 2 km entfernten Sansia (*Sānxiá,* 88 000 Einw.) wurde erstmals 1779 erbaut. Nach Zerstörungen durch Erdbeben und die Japaner befindet er sich seit 1947 im dritten Wiederaufbauprozess. Er ist dem deifizierten patriotischen Beamten Chen Jhaoying aus dem 10. Jh. gewidmet. Die künstlerische Bedeutung des Tempels übersteigt bei Weitem die religiöse, sodass er sich auch den Ruf eines »Kunsttempels des Ostens« erworben hat. Die Anlage besteht aus einer dreigliedrigen vorderen Halle, der Haupthalle mit dem Schrein der Gottheit und einer noch unvollendeten hinteren Halle. Überaus kunstvoll und detailreich sind die Holzschnitzereien aus 1000 Jahre alten Zedern, sowie die exquisiten

Sansias hübsche Old Street strahlt in historischem Flair

Steinmetzarbeiten aus japanischem Granit, der aus dem in Taipeh demontierten zentralen Shinto-Schrein stammt. Künstlerischer Höhepunkt ist die sich spiralförmig nach oben ziehende Holzdecke der Haupthalle.

Restaurant

Die sehenswerte **Old Street** von Sansia besticht nicht nur durch ihre historischen Gebäude, hier findet man auch **zahlreiche gute Restaurants**. Eine Spezialität der Stadt sind grüne Bambusschösslinge.

*Cihu 14 慈湖

Cihu *(Cíhú)*, »See der Mutterliebe«, nannte Chiang Kai-shek zu Ehren seiner Mutter seine Lieblingsresidenz und Sommerfrische. Lieblingsresidenz war sie, da die Landschaft ihn an seine alte Heimat in Fenghua in der Provinz Zhejiang in China erinnerte. Daher wurde er nach seinem Tod 1975 hier aufgebahrt. Eine Ausstellung zeichnet sein Leben nach und skizziert die neuere Geschichte Chinas und Taiwans. Jüngste Attraktion ist der benachbarte skurrile Skulpturenpark, wo Chiang-Kai-shek-Statuen aus dem ganzen Land zusammengetragen wurden. Im hinteren Teil des Geländes liegt die Residenz, in der sein Sarkophag von einer Ehrenwache bewacht wird; Wachwechsel zur vollen Stunde (Daxi Township, Fuxing Rd., Sec.1, No. 1097, Tel. 03-388 3552, tgl. 8–17 Uhr, mit Restaurant, http://travel-taoyuan.tycg.gov.tw/e_content/).

Restaurant

Lakeside Coffee
Fuxingli, Nanzaigou 21
Tel. 03-388 8853
Café und Restaurant mit toller Aussicht über den Shimen-Stausee, 2 km von Cihu. Tgl. 9–20 Uhr ●●

Mitteltaiwan

Nicht verpassen!

- eine Tempel-Übernachtung in Shihtoushan
- gestampfter grüner Tee nach Hakka-Art
- ein Bummel durch das alte Lugang
- die Bilderbuchlandschaft am Sonne-Mond-See
- einen Sonnenaufgang auf dem Alishan erleben

Zur Orientierung

Mitteltaiwan - das ist vor allem der größte Teil der ausgedehnten westlichen Schwemmlandebene mit so bedeutenden Zielen wie Lugang, der früheren Hafenstadt mit dem Flair des alten Taiwan, oder Beigang mit dem größten und prächtigsten Mazu-Tempel des Landes. Die Ebene steigt nach Osten hin in malerischen Hügellandschaften an, dort erhebt sich der mit buddhistischen Tempeln gesprenkelte Shihtoushan. Die Klimazonen von tropisch bis alpin verleihen der Region die Vielfalt, die das Land auszeichnet. Die großen landschaftlichen Highlights sind der Sonne-Mond-See und die Hochgebirgslandschaft des Alishan, wo chinesische Landschaftsmalerei Realität wird. Wer genügend Zeit mitbringt oder wem der Sinn nach Badeurlaub steht, kann noch einen Ausflug auf die Penghu-Inselgruppe vor Taiwan unternehmen.

Touren in der Region

Hügel, Tempel und Hakka-Kultur

6 Shihtoushan › Beipu › Nanjhuang

Dauer: 2 Tage/60 km
Praktische Hinweise: Mit dem Mietwagen oder als Bus- und Bahnfahrt möglich. Mit dem Auto über die A1 bis Ausfahrt Toufen hinter Hsinchu, dann K 124 nach Südosten über Sanwan bis kurz vor Tianmei. Vor dem Tunnel links durch den Torbogen weiter auf der K20, dann links direkt zum Tempel Chüanhuatang oder weiter auf der K 41 zum Visitor Center. Per Bahn und Bus: HSR bis Hsinchu, Taxi zum Busbahnhof in Jhudong (ca. 300 NT), von dort fährt Bus 5626 5x tgl. zum Shihtoushan Visitor Center (1 Std.), Nanjhuang liegt etwas südlich an der K 124, Beipu etwas nördlich an der P 3.

Welch ein Kontrast: Hektik in Taipeh und 100 km weiter eine Hügellandschaft mit Wäldern, Seen und Flüssen, in der verstreut buddhistische Tempel und Pagoden liegen. Der ***Shihtoushan** (»Lion's Head Mountain«) › S. 91 ist ein ideales Ziel für jeden, der Ruhe und Entspannung abseits der Städte sucht oder einen Einblick in den praktizierten Buddhismus bekommen will. In den nur wenige Kilometer entfernten Städtchen ***Beipu** › S. 92 und **Nanjhuang** › S. 92 lässt sich sehr schön die Kultur der Hakka erleben. Zur Übernachtung bietet es sich an, einen Tempel in Shihtoushan zu wählen oder eine der vielen Pensionen bei Nanjhuang.

6 **Hügel, Tempel und Hakka-Kultur** Shihtoushan › Beipu › Nanjhuang

7 **Zum Riesenbuddha und in alte Städte** Taichung › Changhua › Lugang › Wufong › Taichung

8 **Ins Gebirge zum Alishan und nach Beigang** Chiayi › Alishan › Chiayi › Beigang › Chiayi

9 **Taroko-Schlucht und Cingshuei-Klippen** Hualien › Taroko-Schlucht › Cingshuei-Klippen › Hualien

10 **Von Hualien zum East-Rift-Valley** Hualien › Karpfensee › Guangfu › Tabalang › East Rift Valley › Rueisuei › Hualien

11 **Höhepunkte der Ostküste** Hualien › Höhlen der Acht Unsterblichen › Plattform der Drei Unsterblichen › Duli › Taitung

Nanliao
Siangshan
Hsinchu
Guansi
Gaopo
Fushan
Siaoyi
Jiaosi
Toucheng
Jhu'an
Yilan
Gongguan
Ciding
Jhunan
Toufen
Jhudong
Hesing
Beipu
Emei
Sanwan
Houlong
Shangping
Baling
Luodong
Sansing
Houhou
Dongshan
Suao
Nanfang'ao
Malun
Cilan
Tianmei
Nanjhuang
Shihlu
Miaoli
Penglai
Gongguan
Lanyang
Dong'ao
Nan'ao
Wuta
Dahu
Tuleng
Jhonghsing
Hanben
Heping
Jhuolan
Dalan
Lishan
Dongshih
Dajia
Heren
Heping
Guguan
Chongde
Tianleng
Tiansiang
Taroko
Kunyang
Sincheng
Beigang
Guosing
Youshih
Beipu
Wushe
Fuguei
Beishankeng
Ji'an
Hualien
Puli
Tongmen
Ami Cultural Village
Karpfensee (Liyutan)
Yuchih
Jhongliao
Sonne-Mond-See
Fongtian
Shueili
Shueilian
Dingkan
Fonglin
Danda
Danda
Luan'an
Guangfu (Matai'an)
Sinyi
Sitou
Sinshe
Tabalang
PAZIFISCHER
Heshe
Fengbin
Dafu
Dongpu
Rueisuei
OZEAN
Shihtiping
Zihjhong
Wuhe
Jingpu
Siouguluan
Dayu
Yuli
Changbin
Meishan
Nan'an
Yakou
Tianchih
Antong
Wushihbi
Jhutian
Fusing
Lidao
Taoyuan
Fuli
Wulu
N
Dalun
Chihshang
Chenggong
Guanshan
Heping
Mitteltaiwan und der Osten
Taiyuan
Duli
Beinan
0
30 km
Donghe

Zum Riesenbuddha und in alte Städte

7 Taichung › Changhua › Lugang › Wufong › Taichung

Dauer: 2 Tage/120 km
Praktische Hinweise: Mit dem Mietwagen: auf der A 1 nach Changhua, via K 142 nach Lugang und über die A 1 und A 3 nach Wufong. Per Bahn und Bus: mit dem TR von Taichung nach Changhua (15 Min.), weiter von Changhua mit dem Bus nach Lugang (40 Min.) und mit dem Bus 107 vom Bahnhof Taichung nach Wufong.

In der näheren Umgebung von **Taichung** › S. 85, der Metropole Mitteltaiwans, liegen mehrere interessante Ziele, die sich zu einer lohnenden kleinen Rundtour verbinden lassen. Um mehr Zeit für die Atmosphäre der malerischen und kulturhistorisch wertvollen Stadt ****Lugang** › S. 89 zur Verfügung zu haben, empfiehlt es sich, dort eine Übernachtung einzulegen. Auf dem Weg sollte man es sich nicht entgehen lassen, eine der größten Buddhastatuen Asiens, den 23 m hohen ***Riesenbuddha von Changhua** › S. 88 zu besichtigen und den Panoramablick über die Stadt und die Hügellandschaft von Baguashan zu genießen. Das südöstlich von Taichung gelegene **Wufong** › S. 88 ist aus zweierelei Gründen sehenswert: Im dortigen Erdbebenmuseum auf dem Gelände einer ehemaligen, durch das große Erdbeben von 1999 schwer beschädigten Schule erfährt man viel über die Geologie Taiwans. Kulturhistorisch bedeutend ist die Gartenanlage des Lin-Clans aus dem 19. Jahrhundert.

Ins Gebirge zum Alishan und nach Beigang

8 Chiayi › Alishan › Chiayi › Beigang › Chiayi

Dauer: 3 Tage/170 km
Praktische Hinweise: Mit dem Mietwagen: auf der P 18 nach Alishan, von Chiayi auf der P 1 nach Norden bis Minsyong, über die K 164 westlich nach Beigang. Mit dem Bus: von Chiayi nach Alishan und nach Beigang.

Chiayi › S. 96 ist Ausgangspunkt zu einem der Höhepunkte einer jeden Taiwan-Reise: dem 2489 m hohen *****Alishan** › S. 96 inmitten uralter Zedernwälder. Die 70 km lange Strecke durch mehrere Klima- und Vegetationszonen und die wolkenverhangenen Berge in den höheren Lagen sind ein unvergleichliches Erlebnis. Nach einer Übernachtung können Sie mit etwas Glück den Sonnenaufgang mit Blick auf die 3000er-Gipfel des Zentralgebirges erleben. Nach einer weiteren Übernachtung und zurück in **Chiayi** erwartet Sie nur 25 km nordwestlich ein Höhepunkt ganz anderer Art: der ****Mazu-Tempel von Beigang** › S. 98, einer der prächtigsten und größten des Landes.

Unterwegs in Mitteltaiwan

Taichung 1 台中

Drittgrößte Stadt des Landes und Metropole Mitteltaiwans (1,1 Mio. Einw.) ist Taichung (auch 臺中, *Táizhōng*), das in ganz Taiwan für seine ausgeprägte Teehauskultur bekannt ist. Von hier trat der »Bubble Tea« in den 1980er-Jahren seinen landesweiten Siegeszug an. Vergleichsweise mildes Klima und die Nähe zum Zentralgebirge sind attraktive Pluspunkte, was die Stadt stetig wachsen lässt. Für Besucher ist sie v.a. als guter Ausgangspunkt für Ausflüge nach Lugang, Changhua und Wufong von Interesse.

Info

■ **Tourist Information Center**
Gancheng St. 95][**Tel. 04-2254 0809**
Mo–Fr 9–17 Uhr.

■ Aktuelle Tipps zu Taichung und Umgebung, zu Hotels, Restaurants, Shopping, Nightlife etc. im englischsprachigen Magazin **Compass** im Internet unter **www.taiwanfun.com** (liegt in gedruckter Form auch in manchen Hotels und Touristeninformationen aus).

Hotels

■ **Evergreen Laurel Hotel**
Taichung Port Rd., Sec. 2, 6
Tel. 04-2313 9988
www.evergreen-hotels.com
Beliebtes Business-Hotel nahe dem Geschäftsviertel Taichungs. Geräumige Zimmer, Business Center, Fitness-Angebote, Pool im Freien und Spielzimmer für Kinder. 6 chinesische und westliche Restaurants. ●●●

■ **Palmer Hotel**
Shuangshi Rd., Sec. 1, 5
Tel. 04-2229 6151
palmerhotel@xuite.net
Nahe am Taichung Park gelegen, komfortable Zimmer mit DSL-Zugang, chinesisches und westliches Restaurant. ●●

■ **J&I Home Hostel**
Xitun Rd., Sec. 2, Nanzi Lane, 9-11
Tel. 04-2707 5852
sanmin.deng@gmail.com
Günstiges, gut ausgestattetes Hostel, Nähe Fengjia-Nachtmarkt. Internet gratis. ●

Restaurants

■ **Banana New Paradise**
Shuangshi Rd., Sec. 2, 111
Tel. 04-2234 5402
Vor der Kulisse einer etwas kitschigen, aber amüsanten Ladenzeile, die der guten alten Zeit nachempfunden ist, wird traditionelle taiwanische Kost angeboten. Tgl. 11–0.30 Uhr. ●●

■ **Jinghua Yanyun**
Wuquan 7th St. 57
Tel. 04-2372 5066
Serviert in einem ummauerten Hofhaus herzhafte nordchinesische Küche und Feuertopf. Tgl. 11.30–14, 17.30–21 Uhr. ●●

■ **Teehaus Wuwei Caotang**
(› S.86, Special) und **Chun Shui Tang, Siwei St. 30, Tel. 04-2229 7991,** tgl. 8–22 Uhr. Letzteres gilt als der Ort, an dem »Bubble Tea« und »Perlenmilchtee« erfunden wurden. ●●

Special

Oasen im Alltag

Teezeremonien wie in Japan gibt es in Taiwan nicht. Im Vordergrund steht hier der Genuss. Der Tee wird dabei nach Farbe, Duft, Aroma sowie der gesundheitsfördernden Wirkung und Entspannung des Geistes beurteilt. Man genießt ihn wie in Europa guten Wein und nimmt kleine Schlucke aus Porzellanbechern von der Größe eines Schnapsglases.

Zu einem Teeset 茶具 *(chájù)* gehören die große Schale zur Aufbewahrung, ein kleines Teekännchen, sechs Trinkbecher und ein Minikrug, außerdem Bambuslöffel und -stocher, um die Kanne mit Teeblättern zu füllen bzw. zu leeren. Grüner Tee und Oolong-Tee werden mit 90–95 °C heißem Wasser aufgebrüht, das in einer großen Kanne ständig heiß gehalten wird. Das Kännchen und die Becher werden in der Schale mit dem heißen Wasser gespült und angewärmt. Dann füllt man das Kännchen zu einem Fünftel mit Teeblättern, gießt es auf, bis es überläuft und schließt den Deckel. Der erste Aufguss wird nach kurzem Ziehen weggeschüttet, da er nur dem Waschen und Aufgehen der Teeblätter dient. Beim zweiten Aufguss lässt man den Tee eine Minute ziehen und hängt das Kännchen mit dem Ausguss in den Krug, damit dieser den Tee aufnimmt. Aus dem Krug serviert man in die Becher und genießt die »Blume« des Tees aus dem leeren Krug. Bei den folgenden Aufgüssen zieht der Tee jedes Mal zehn Sekunden länger, bis das Aroma nachlässt und man die Teeblätter ersetzt.

Die meisten Teehäuser bieten übrigens mittags und am frühen Abend auch Menüs an.

Traditionelle Teehäuser

■ **Wistaria House** 紫藤廬 *(Zǐténglú)*
Xinsheng S. Rd., Sec. 3, Lane 16, 1
Taipeh][Tel. 02-2363 7375
www.wistariateahouse.com
Denkmalgeschütztes Teehaus in japanischem Gebäude der 1920er-Jahre. Einst beliebt bei Künstlern und Oppositionellen. Tgl. 10–23 Uhr ●●

■ **Muzha Maokong** 木柵貓空
(Mùzhà Māokōng)
Per Seilbahn vom Zoo in Muzha zugängliches Ausflugsgebiet im Süden von Taipeh mit über 70 Teehäusern, die auch mit Teeblättern zubereitete Speisen anbieten (› S. 70). ●●

■ **Wuwei Caotang** 無為草堂
(Wúwéi Cǎotáng)
Gongyi Rd., Sec. 2, 106
Taichung][Tel. 04-2329 6707
Wunderschönes Teehaus im traditionellen chinesischen Stil, mit großen Weidenbäumen und Karpfenteich.
Tgl. 10–23.30 Uhr. ●●

■ **Dongsyuanyuan** 東軒園
(Dōngxuānyúan)
Daya Rd., Sec. 2, 350
Chiayi][Tel. 05-271 9080
Im traditionellen Stil mit Gärten und Teichen. Tgl. 10–2 Uhr ●●

■ **Hanlin** 翰林 *(Hànlín)*
Minzu Rd., Sec. 2, 313
Tainan][Tel. 06-221 2357
Nähe Fort Provintia. Diese aus Tainan stammende Kette gilt manchen ebenfalls als Erfinder des "Bubble Tea".
Tgl. 9–24 , Sa/So bis 1 Uhr ●●

■ **Gēngdúyuán-Teehäuser** (耕讀園) im klassischen Stil mit Teichen, 2x in Taichung, 1x in Tainan

Tee-Variationen

Neben der traditionellen Art des Teegenusses sind seit 1990 moderne, kreative Varianten entstanden. Am beliebtesten ist der in großen Pappbechern verkaufte »Bubble Tea« oder »Perlenmilchtee« 珍珠奶茶 *(zhēnzhū nǎichá)*: meist grüner Tee, mit Milch aufgeschäumt und mit Tapiokabällchen aus Maniokmehl; wird heiß oder eiskalt serviert. Unzählige Cocktails mit Oolong- oder Schwarztee, gemixt mit Obst und anderen Zutaten werden an Ständen im Straßenverkauf oder in richtigen Teekneipen angeboten.

■ **Cha for Tea** 喫茶趣 *(Chīcháqù)*
Zhongshan N. Rd., Sec. 5, 570
Taipeh][Tel. 02-2888 2929
www.chafortea.com.tw
Elegante Variante der Teekneipe mit Menüs und Gebäck in modernem Ambiente. Die Kette hat 5 Läden in Taipeh, 3 in Kaohsiung, je 1 in Taichung, Hsinchu und Jhunan. Kleinere »TenRen's Tea«-Geschäfte gibt es in vielen Städten Taiwans. Tgl. 11–22.30 Uhr. ●●

■ **Tea Street** 茶街 *(Chájiē),*
Ⓜ Zhongxiao Dunhua, Ausg. 2
parallel zur Zhongxiao E. Rd.
Taipeh
Die Adresse für Teekneipen; Treffpunkte junger Leute mit einer großen Auswahl fantasievoller Teemischgetränke. ●

■ **Zhongxiao-Nachtmarkt** hinter dem **Bahnhof** und **Fengjia-Nachtmarkt** mit Einkaufsviertel nahe der Fengjia University (**Fengjia Rd., Ecke Wenhua Rd.**). Probieren sollten Sie die leckere lokale Spezialität der »Sonnenkuchen« 太陽餅*(tàiyáng-bǐng)*, runde Blätterteigerzeugnisse mit süßer Füllung, am besten bei **Taiyang-tang, Ziyou Rd., Sec.2, 23.** ●

Shopping

Die **Sanmin Road** ist die Haupteinkaufsstraße mit Kaufhäusern und Boutiquen.

Nightlife

■ **Gordon Biersch**
Dadun Rd. 533
Tel. 04-2310 7678
Lokalbrauerei und westliches Restaurant mit gemischtem Publikum.
Tgl. 11.30–24, Sa/So ab 10 Uhr.

■ **X-Cube**
Daguan Rd. 41
Tel. 0920-080 993
Angesagte Disco mit DJ, im Westen nahe Wenxin-Park.
Mi-Sa 22.30–4, Do nur bis 3 Uhr.

Wufong 2 霧峰

Auf der P 3 (Guoguang Rd.) von Taichung nach Süden ist es nur ein Katzensprung nach Wufong *(Wùfēng)*. Ein großes Erdbeben der Stärke 7,3 erschütterte am 21.9.1999 Mitteltaiwan: 2413 Tote, 10 000 Verletzte und 51 000 zerstörte Gebäude waren die Folge. Da eine Bruchlinie mitten durch die Guangfu-Mittelschule ging, wählte man diesen Ort für das 2004 eröffnete **Erdbebenmuseum.** Die Verwerfungen auf dem Schulgelände blieben erhalten und wurden verbunden mit einer Ausstellung über die Geologie des Landes. Eine englischsprachige Broschüre ist erhältlich (Jhongjheng Rd. 46, Wufong, Kengkou Village, Tel. 04-2339 0906, www.921emt.edu.tw, Di–So 9–17 Uhr, Außenbereich bis 22 Uhr). Wufongs zweite Sehenswürdigkeit ist die aus dem Jahr 1893 stammende kulturhistorisch bedeutende **Gartenanlage des Lin-Clans,** der ehemals größten Grundbesitzer in Mitteltaiwan. Sie ist ein schönes Beispiel für die Gartenkunst der Eliten einer vergangenen Epoche – komplett mit einer Theaterbühne zur Unterhaltung von Gästen. Teile der Anlage werden seit dem Erdbeben von 1999 derzeit noch restauriert (Laiyuan Rd. 91, auf dem Gelände der Ming Tai High School, tgl. 8–18 Uhr).

Changhua 3 彰化

Wahrzeichen der zwischen Taichung und Lugang gelegenen Stadt (*Zhānghuà,* 240 000 Einw.) ist eine der größten Buddhastatuen Asiens. Nur wenige 100 m östlich des Bahnhofs an der Guashan Road thront auf dem 92 m hohen Baguashan (»Berg der Acht Trigramme«) seit 1961 der 23 m hohe ***Riesenbuddha** in Form des Gautama (oder Sakyamuni) Buddha auf einem steinernen Podest aus Lotusblumen. Die Statue ist innen auf sechs Ebenen begehbar und mit Szenen aus Buddhas

Zum Geburtstag Mazus strömen die Gläubigen in ihren Tempel in Lugang

Leben geschmückt. Vom Baguashan bietet sich eine tolle Panoramasicht auf Changhua und auf die Hügel des Baguashan-Landschaftsschutzgebiets im Süden, bei klarem Wetter reicht der Blick sogar bis zur 15 km entfernten Straße von Taiwan.

**Lugang 4 鹿港

Bis ins 19. Jh. hinein war Lugang (*Lùgǎng*, 85 000 Einw.) Taiwans zweitgrößte Stadt und ein wichtiger Hafen für den Handel mit dem Festland. Dann versandete der Hafen und Lugang entwickelte sich zu einem malerischen Städtchen, das die Schönheit traditioneller Architektur bewahrt hat. Neben Tainan gilt Lugang als kulturhistorisch besonders wertvoll.

Entlang der Jhongshan Road findet man viele alte **Kaufmannshäuser** mit Fassaden aus der japanischen Zeit sowie traditionsreiche **Handwerksgeschäfte,** die **Holzschnitzereien, Fächer und handbemalte Laternen anbieten.** Echt gut! Eine schöne Atmosphäre haben die verwinkelten alten Marktstraßen um die Butou, Yaolin und Dayou Road.

Lugangs bedeutender **Mazu-Tempel** liegt am nördlichen Ende der Jhongshan Road in einer Fußgängerzone. Ein prächtiges Ehrentor führt zum Hauptgebäude des im 18. Jh. gegründeten Tempels, der sein heutiges Erscheinungsbild allerdings erst im Jahr 1936 erhielt. Die Mazu-Statue in der Haupthalle soll übrigens aus dem Geburtsort Mazus (› S. 39) stammen. In der hinteren Halle befindet sich ein Mazu-Kulturmuseum.

Einblick in die Volkskunst Taiwans Echt gut! gibt das **Folk Arts Muse-**

um am anderen Ende der Jhongshan Road. Das sehenswerte Gebäude, 1920 für den reichen Grundbesitzer-Clan der Koo erbaut, vereint westliche und asiatische Elemente im Stil der japanischen Zeit (Jhongshan Rd. 152, Tel. 04-777 2019, www.lukangarts.org.tw, Di–So 9–17 Uhr).

Manchen gilt der nahe gelegene **Longshan-Tempel** (Jinmen Rd.) als Taiwans schönstes Gebäude aus der Zeit der Qing-Dynastie. Er wurde seit der Gründung als Guanyin-Tempel im Jahr 1786 mehrfach wieder aufgebaut und ist mit seinen feinen Steinmetzarbeiten und Holzschnitzereien Vorbild für viele andere Tempel. Das prächtige Haupttor führt zur ersten Halle mit einer Opernbühne zur Unterhaltung der Götter und schließlich zur Buddha gewidmeten Haupthalle mit kunstvoll gearbeiteten Drachensäulen und einer mit üppigen Schnitzereien verzierten Holzdecke.

Hotels

Das Angebot an Hotels in Lugang ist begrenzt. Vor allem am Wochenende vorreservieren!

■ **Leader Landmark Hotel**
Jhongjheng Rd. 588
Tel. 04-778 6699
lukang@leaderhotel.com
Lugangs einziges gehobenes Hotel. 2- bis 4-Bett-Zimmer, Business Center, Fitness-Angebote, Sauna, Hallenbad und Spielbereich für Kinder. Chinesische und westliche Küche. ●●

■ **Matsu Temple Believer Hotel**
Jhongshan Rd. 475
Tel. 04-775 2508][Fax 775 2518
Einfache und günstige Unterkunft mit 2-Bett-Zimmern. ●

Shopping

Yüchenchai 玉珍齋 *(Yùzhēnzhāi)*
Minzu Rd. 168
Traditionsgeschäft für das berühmte Teegebäck am Mazu-Tempel, z.B. »Drachenaugenkuchen«. Unbedingt probieren sollte man auch die Heuschreckenkrebse, »Shrimpäffchen« genannt, an den Ständen vor dem Tempel. Tgl. 8–22.30 Uhr.

*Sanyi 5 三義

An der A 1 südlich von Miaoli liegt die kleine Stadt Sanyi (*Sānyì*, 18 000 Einw.), **Taiwans Zentrum der Holzschnitzerei.** Echt gut Ein großer Teil der Motive ist religiöser Art, besonders beliebt ist der dickbäuchige, lachende Milefo. Doch die Kreativität kennt heute keine Grenzen, und so finden sich auch weltliche und allzu weltliche Motive, Gestalten aus der taiwanischen Oper oder Schachfiguren.

Die meisten der rund 200 Geschäfte konzentrieren sich in der Shueimei Street, der »Old Street« von Sanyi. In der Nähe liegt das Viertel »Guangsheng Village« 廣盛新城 *(GuǎngshèngXīnchéng)*, in dem sich Künstler aus ganz Taiwan niedergelassen haben. Hier befindet sich Taiwans einziges **Museum für Holzschnitzkunst.** Das 1995 eröffnete, moderne sechseckige Sanyi Wood Sculpture Museum bietet nicht nur einen Überblick über das Schaffen vor Ort, sondern auch eine Sammlung von Holzschnitz-

Schwalbenschwanzdächer zieren die Tempel auf dem Shihtoushan

kunst aus ganz Taiwan (Guangsheng Sincheng 88, Tel. 037-876 009, http://wood.mlc.gov.tw, Di–So 9–17 Uhr, letzter Einlass 16.30 Uhr).

Ein besonders schöner Laden mit Kreativ-Angeboten für Kinder ist 丫箱寶 Yāxiāngbǎo (Chonghe Rd. 176, tgl. 9–17, Sa/So bis 18 Uhr) mit Figuren einheimischer Vogelarten u.a.

Restaurants

Shengsing Restaurant 勝興客棧 *(Shèngxīng Kèzhàn)*
Shengsing Village 72
Tel. 037-873 883
Inmitten grüner Hügel am malerischen alten Bahnhof von Shengsing, 5 km außerhalb (per Bus von Sanyi). Hier werden **in rustikaler Atmosphäre köstliche Hakka-Gerichte** serviert. Tgl. 10.30–20.30 Uhr. Einen Ableger des Restaurants gibt es auch in Sanyi in der Shueimei Street. ●●

Echt gut!

*Shihtoushan 6
獅頭山

Inmitten der sattgrünen Landschaft um den Shihtoushan (*Shītóushān*, »Lion's Head Mountain«) begannen Ende des 19. Jhs. Buddhisten die ersten Tempel zu errichten. Mit der Zeit wurden es immer mehr, und so ist die Gegend heute geradezu **mit Tempeln gesprenkelt.** Eine weitere Attraktion ist die idyllische Natur mit vielen Vögeln, Schmetterlingen und Insekten.

Echt gut!

Vom Parkplatz unterhalb des 1901 erbauten größten Tempels in dieser Gegend, **Chüanhuatang** 勸化堂 *(Quànhuàtáng)*, führt ein Weg über Steinstufen nach oben und dann als Teil des 3 km langen »Shihshan Historic Trail« mit 300 m Höhenunterschied quer über die Hügel bis zum Visitor

Center. Begleitet von der Geräuschkulisse zirpender Zikaden und anderen Getiers kommen Sie an den meisten Tempeln der Gegend vorbei. Am höchsten Punkt des Pfades, dem Wangyue-Pavillon, zweigt links ein Weg ab und bringt Sie nach 700 m zum 492 m hohen Shihtoushan, der einen fantastischen Panoramablick über die ganze Gegend bietet. Kurz nach dem Pavillon passiert der Pfad den ältesten Tempel der Gegend aus dem Jahr 1895, **Yüankuangsi,** ein heute noch bewohntes Kloster. Nur wenige hundert Meter südlich vom Visitor Center befindet sich die **Shueiliandong** – eine »Wasservorhanghöhle« – des in den Fels gebauten Tempels inmitten einer wildromantischen Schlucht mit Bach und Wasserfall.

Info

Visitor Center
60-8 Liouliao][Emei Township
Cising Village][Tel. 03-580 9296
Infos zur Region, tgl. 8.30–17.30 Uhr.

Hotel

Der Tempel **Chüanhuatang,**
Tel. 037-822 563, Fax 821 999,
Echt gut! Die **ungewöhnliche Unterkunft** bietet Zwei- und Mehrbettzimmer. Vor Wochenenden und Festtagen telefonische Voranmeldung empfohlen. Gute, günstige vegetarische Küche. ●

Restaurant

Rattan House
Lin 18, Tengping No. 2
Emei Township][Cising Village
Tel. 03-580 0199
Hübsches Café und Restaurant mit Garten im Grünen, ca. 600 m südlich vom Visitor Center, Mi–So 9–21 Uhr. ●

Hakka-Kultur in *Beipu 北埔 und Nanjhuang 南庄

Ungefähr 10 km nordöstlich von Shihtoushan liegt das malerische kleine **Beipu** 7 (*Béipǔ,* 10 000 Einw.), ein Zentrum der Hakka-Kultur › S. 35, die Sie vor allem in Form der noch reichlich vorhandenen alten Architektur um den Citian-Tempel, der Beipu Street und Nansing Street erleben können – und natürlich in den vielen Lokalen, die regionale kulinarische Spezialitäten feilbieten.

Nur wenige Kilometer südlich von Shihtoushan liegt **Nanjhuang** 8 (*Nánzhuāng,* 12 000 Einw.), ein weiteres Hakka-Städtchen.

Hotels

Metiyuan Holiday Inn
Lijinguan No. 40][Nanjiang Village
Tel. 037-824 558
m26921099@yahoo.com.tw
Neue Pension südlich von Nanjhuang mitten im Grünen. Nach der großen Brücke rechts ca. 500 m, dann Weg halb links hoch. Große und helle Zimmer mit Aussicht, taiwanisches und westliches Frühstück. ●●

Restaurants

■ **Laojie Bantiao**
Miaocian St. 31][Beipu
Tel. 03-580 3871
Echt gut! Wo am meisten los ist, schmeckt's auch am besten: **gute Hakka-Küche**

mit den breiten Nudeln 板條 *(bǎntiáo)*, Hakka-Pfanne 客家小炒 *(kèjiā xiáochǎo)*, Forelle 鱒魚 *(zūnyú)* und viele andere leckere Speisen. Tgl. außer Mi 8–17.30, Wochenende und feiertags bis 19.30 Uhr. ●

■ **Dengfu Tea House**
Beipu St. 34][Beipu
Tel. 03-580 4545

Echt gut!

Schönes Teehaus, um **gestampften Tee nach Hakka-Art** 擂茶 *(léichá)* und andere Hakka-Gerichte zu probieren. Gut trainierte Armmuskeln zum Selberstampfen, wie es üblich ist, sind von Vorteil. Di–So 10.30–19.30 Uhr. ●

4 **Sonne-Mond-See 9
日月潭

Von der Abfahrt Mingjian/Nantou auf der A 3 führt die P 16 zum Sonne-Mond-See *(Rìyùetán)*, so genannt, weil seine Form den chinesischen Schriftzeichen für Sonne und Mond ähnelt. Das auf 748 m Höhe gelegene Gewässer ist mit 11,6 km² Taiwans größtes Süßwasserreservoir. Es ist umgeben von dicht bewaldeten, grünen Berghängen – **eine Szenerie, die einem chinesischen Landschaftsbild entsprungen sein könnte.** Kein Wunder, dass der See ein beliebtes Flitterwochenziel ist. Nach dem Erdbeben von 1999 wurden neue Hotels errichtet und zusätzliche Attraktionen geschaffen, auch um die Lage der dort lebenden Ureinwohner vom Volk der Thao 邵 *(Shào)* zu verbessern.

Echt gut!

Es entstanden neue Wanderwege, Radwege und Uferpromenaden. Ausgangspunkt für Ausflüge und größte Ansiedlung ist das **Shueishe Village** am Nordwestufer des Sees. Vom dortigen Anleger starten die Ausflugsboote zu Rundfahrten über den See und

Der Sonne-Mond-See lässt sich am schönsten per Boot genießen

zum anderen Ufer. Auch Ruderboote können gemietet werden, von denen aus sich manche Leute zur Erfrischung ins Wasser gleiten lassen.

!! Schwimmen ist nur während der jährlichen Massendurchquerung im September erlaubt.

Die bekanntesten Bauwerke liegen auf der Südseite des Sees. Der 1965 erbaute **Hsüan-Tsang-Tempel** ist bei den Buddhisten berühmt für die Aufbewahrung von Knochenreliquien des Mönches Hsüan-Tsang 玄奘 (*Xuánzàng*, 602–664), der nach einer 17-jährigen Reise zahlreiche klassische buddhistische Schriften aus Indien in die damalige chinesische Hauptstadt Xi'an brachte und daher als wichtiger Förderer des Buddhismus in China gilt.

Auf einer Anhöhe 1 km südlich bietet die 46 m hohe **Ci-En-Pagode** 慈恩塔 (*Cí'ēntǎ*, »Mutterliebe und Güte«) einen ausgezeichneten Blick über den See und die umliegenden Berge. Chiang Kai-shek ließ sie 1971 zum Gedenken an seine Mutter und zur Propagierung konfuzianischer Tugenden errichten.

Um die Kultur der Ureinwohner kennenzulernen, lohnt ein Besuch des nordöstlich in Seenähe gelegenen **Formosan Aboriginal Cultural Village,** das vom See über eine Seilbahn erreichbar ist. In dem Freilichtmuseum werden Nachbauten von Wohnhäusern aller Ureinwohnervölker Taiwans gezeigt. Sehr beliebt sind die regelmäßig stattfindenden Aufführungen von volkstümlichen Liedern und Tänzen (Tgl. 9–17, So/Fei bis 17.30, Tickets bis 16 Uhr, 780 NT. Seilbahn 300 NT).

Von Ananas bis Zwetschge

Echt gut!

Klimazonen von tropisch bis alpin mit Höhen von 0 bis 3000 m machen's möglich: Taiwan ist ein **Früchteparadies mit unglaublicher Vielfalt:** Besonders lecker und exotisch sind Mangos (Mai–Okt.), Litschis (Juni/Juli), Ananas (März bis Aug.), Sternfrüchte/Carambolen (Juli/Aug.), chinesische Datteln/Jujube (Dez.–Febr.), die sehr saftigen und knackigen Wachsäpfel/Lianwu (Nov.–April, Aug.–Okt.) und fast das ganze Jahr über Papayas, Guaven, Bananen und Melonen. Die roten Trauben (Mai–Aug., Nov.–Febr.), eine Kreuzung europäischer und amerikanischer Sorten, schmecken ganz anders als europäische. Auch Erdbeeren und sogar Zwetschgen aus lokalem Anbau gibt es. Tomaten gelten hier nicht als Gemüse, sondern als Obst und werden häufig gezuckert serviert.

Info

Shueishe Visitor Center
Jhongshan Rd. 163
Shueishe Village][Tel. 049-285 5668
www.sunmoonlake.gov.tw
Mo-Fr 9–17 Uhr

Hotels

■ **Apollo Resort Hotel**
Mingsheng St. 3
Shueishe Village
Tel. 049-285 5381
apollo.hotel@msa.hinet.net

Karte Seite 82

Ruhig gelegen in der Fußgängerzone, nahe dem Bootsanleger. Zimmer sind etwas klein, teilweise mit Seeblick. ●●

The Lalu

Jhongsing Rd. 142
Shueishe Village
Tel. 049-285 6888
www.thelalu.com.tw.

Neues Resort der Extraklasse, ehemalige Sommerresidenz von Chiang Kai-shek. Private Suiten, Seeblick, Sauna, Aerobic, Tennis, Angelausflüge und ein 60 x 8 m großer Endlos-Pool im Freien. Chinesische, japanische und westliche Küche, Teehaus. Sehr exklusiv. ●●●

Mingren

Jhongshan Rd. 138
Shueishe Village
Tel. 049-285 5338][Fax 285 5339

Günstige Unterkunft mit einfachen Zimmern direkt an der Hauptstraße . ●

Youth Activity Center

Jhongjheng Rd. 101, Rihyue Village
Tel. 049-285 0070
sun.cyh.org.tw/eng

In Seenähe mit 2- bis 6-Bett-Zimmern sowie Blockhütten im Wald. Lokale Küche. ●●

Restaurant

Ming Hu Restaurant

Mingsheng St. 15
Shueishe Village
Tel. 049-285 5228

Unscheinbares Restaurant, aber die beste Adresse für lokale Spezialitäten wie Reh, Bergschwein sowie Fisch und Krebse aus dem See. Schöner Blick auf das Gewässer. Tgl. 11–14,17–20 Uhr. ●●

Aktivitäten

Fahrradverleih in den Siedlungen rund um den See.

5 *Sitou 10 溪頭

40 km südwestlich des Sonne-Mond-Sees wachsen rund um das ebenfalls als Flitterwochenziel bekannte Sitou (*Xītóu*, »Bachquelle«) die schönsten **Bambushaine** Taiwans. Auf einer Höhe von 1150 m genießen die Menschen vor allem im Sommer die ausgezeichnete Luft und die angenehmen Temperaturen. Seltene Tiere wie Felsenaffe und Muntjakhirsch sowie viele Vogel-, Schmetterlings- und Schlangenarten, darunter die giftige grüne Bambusviper, haben hier ihren Lebensraum. Nicht zuletzt aus diesem Grund sollte man die befestigten und gut ausgeschilderten Spazierwege nicht verlassen. Wer genügend Zeit mitbringt, kann die höher gelegenen Zypressenwälder von **Shanlinsi** erkunden (von Sitou auf einem Fußmarsch von ca. 30 Min. zu erreichen).

Info

Parkverwaltung

Senlin Lane 9][Lugu Township
Heihu Village][Tel. 049-261 2111

Hier bekommt man ein Faltblatt mit englischsprachigen Informationen. Tgl. 7–17 Uhr.

Restaurant

Fu Lin Restaurant

Singchan Rd. 74–23
Lugu Township][Tel. 049-275 5145

An der K 151, ca. 4 km vor Sitou, liegt dieses Spezialitätenrestaurant. Serviert werden Gemüse und Pilze aus den Bergen, mit Ananas gedämpfte Bergforelle und -karpfen, frische Bambussprossen sowie Gerichte, in denen Teeblätter als Zutat verwendet werden. Tgl. 11–20 Uhr. ●●

Chiayi 11 嘉義

Die nahe gelegene Stadt Chiayi (*Jiāyì*, 270 000 Einw.) wird meist nur als Ausgangspunkt für die Fahrt zum Alishan › s.u. genutzt, hat aber auch selbst eine angenehme Atmosphäre. Umsichtige Gläubige besuchen gerne den **Beiyu Dian,** den 1697 gegründeten »Tempel der nördlichen Hölle«, in dessen siebenstöckiger Pagode noch die originale Statue des Höllengottes aus dem 17. Jh. aufbewahrt wird. Gegen eine entsprechende Spende lässt er sich vielleicht von den dargestellten Qualen der Hölle abbringen.

Hotels

■ **Maison de Chine**
Wunhua Rd. 257][Tel. 05-229 2233
chiayi.maisondechinehotel.com
Modernes, gehobenes Hotel, Business Center, Fitnesseinrichtungen und Restaurant mit kantonesischer Küche. ●●

■ **Jiasin Hotel**
Jhongjheng Rd. 685
Tel. 05-222 2280
jiaxinhotel@kimo.com
Einfache Zimmer, z.T. mit Internet. ●

Ausflug nach Guanzihling 12
關子嶺

Dieses Thermalgebiet (*Guānzilǐng*) liegt nur 20 km südlich von Chiayi. Nehmen Sie ein **Bad in dem stark mineralhaltigen, schlammigen Wasser** und sehen Sie sich das Naturschauspiel von natürlichem Gas an, dass sich an der Oberfläche entzündet und das Quellwasser zum Kochen bringt (s. Special »Heiße Quellen« › S. 74).

Echt gut

Restaurants

■ **Penshuei Jiroufan**
Jhongshan Rd. 325
Tel. 05-222 2433
Hier gibt es Chiayis Spezialität: Truthahn-Reis. Tgl. 10-30–21.30 Uhr. ●

■ **Nachtmarkt** rund um die **Wunhua Rd.**

6 ***Alishan 13
阿里山

Grün bewachsene Berghänge, schroffe Felsen, Dunstschleier, das Spiel von Wolken und Regen. Dann steigt die Sonne glutrot am Horizont auf. Der **Sonnenaufgang auf dem 2489 m hohen Alishan** (*Ālǐshān*) gehört zu den Höhepunkten jeder Taiwan-Reise. Das Volkslied von den »Mädchen vom Alishan« kennt selbst in China jedes Kind. Es verbinden sich Legenden und Erzählungen mit dem Berg, Künstler suchen hier Inspiration. Rote Zypressen, Zedern und Kiefern gehören zu den Bäumen, die ihren Schattenriss vor dem Sonnenlicht oder den Nebelschwaden zeigen.

Echt gu

Anfang des 20. Jhs. entdeckten die Japaner den Wert der uralten Bäume und bauten eine Bahnlinie zum Abtransport der Edelhölzer.

Sonnenaufgang der Superlative über dem Alishan

1917 nahmen sie die »Alishan Wald-Bahn« in Betrieb, die auf 71,4 km Strecke durch mehrere Vegetationszonen von tropisch bis subalpin mehr als 2200 Höhenmeter überwindet. Auf dem letzten und steilsten Stück bietet sie fantastische Aussicht auf wolkenverhangene Berge. Die beliebte **Schmalspurbahn** ist jedoch infolge des verheerenden Taifuns Morakot seit 2009 außer Betrieb.

Die Bergregion ist ab Chiayi (30 m ü.M.) auch per Auto oder Bus erreichbar. Busse fahren nahe dem Hauptbahnhof ab (alle 2 Std. von 7.10–15.10 Uhr, Dauer 2½ Std., 182 NT, hin und zurück 326 NT). In der Gegend kann man auch Motorroller mieten. Am besten kommt man nachmittags oben an (2216 m) und bleibt über Nacht. Für den berühmten **Sonnenaufgang** steht man mitten in der Nacht auf. Die Gipfelbahn führt zum Aussichtspunkt Jhushan. Bei klarer Sicht bietet sich ein atemberaubendes Panorama der Dreitausender des Zentralgebirges bis zum 20 km entfernten Yushan (»Jadeberg«).

Info

Tourism Service Center
auf dem Alishan
Tel. 05-267 9917][www.ali-nsa.net
Besucherzentrum, tgl. 8–17 Uhr.
Die Website ist sehr informativ.

Hotels

Unterkünfte auf dem Alishan mindestens eine Woche im Voraus buchen.

■ **Alishan House**
Alishan][Sianglin Village 16
Tel. 05-267 9811
www.alishanhouse.com.tw
Taiwans höchstgelegenes 5-Sterne-Hotel, Caféterrasse mit herrlicher Aussicht, lokale Küche, Tea Art Center zum Kosten von Hochlandtee. ●●●

■ **Alishan Gou Hotel**
Alishan][Sianglin Village 1
Tel. 05-267 9611
www.agh.com.tw
Einfachere, aber geräumige Zimmer, lokale Küche und Café. ●●

7 **Chaotian Gong in Beigang

14 北港

Die Kleinstadt Beigang (*Béigǎng*, 45 000 Einw.) ist vor allem für ihren der Meeresgöttin Mazu geweihten Tempel bekannt, der offiziell den Namen Cháotiān Gōng (朝天宮 »Himmelwärtspalast«) trägt. Dieser **außergewöhnlich prächtige Tempel** gilt als Zentrum des Mazu-Kultes in Taiwan und zieht jährlich über 4 Mio. Besucher an. Wer die Massen von Gläubigen beobachten will, Rituale, Böller und Prozessionen liebt, dem sei ein Besuch an Sonntagen oder zu den großen Tempelfesten empfohlen. Wer dagegen lieber in Ruhe die kunstvolle Architektur studieren möchte, sollte an einem Wochentag kommen.

Echt gut!

Der 1694 gegründete Tempel wurde wiederholte Male um- und ausgebaut und zählt heute mit vier großen Hallen, einem Trommel- und Glockenturm sowie einem Ofen zum Verbrennen des Totengeldes zu den größten des Landes.

Verbrennung von Totengeld vor dem Mazu-Tempel in Beigang

Vier Steinlöwen und vier auf Drachen reitende Unsterbliche begrüßen den Besucher am Eingang. Der sollte seinen Blick zunächst auf die gewagt nach oben gezogenen Dachecken und üppigen Verzierungen auf den Firsten lenken. Auch hier finden sich wieder mächtige Drachen, Pagoden und zu Szenen zusammengestellte Figuren aus glasierter Keramik. Die zentrale Halle bewachen zwei gewaltige Generäle, der eine kann 1000 Meilen weit sehen, der andere mit dem Wind alles hören. Mehr als 30 Mazu-Statuen wurden inzwischen von Gläubigen gespendet und in der Halle aufgestellt.

Direkt hinter der Haupthalle wird Guanyin, die buddhistische Göttin der Barmherzigkeit, verehrt, und die links angrenzende kleinere Wenchang-Halle ist in konfuzianischem Sinne dem Gott zur Förderung der Kultur gewidmet. Die hintere Halle wiederum widmet sich den Eltern und Geschwistern Guanyins und die Halle rechts drei daoistischen Gottheiten.

Wie die Dächer außen, so sind innen Wände und Säulen bunt und üppig mit Schnitzereien und dekorativen Elementen verziert. Dies gilt besonders für die Holzdecken der großen Hallen und die detailreichen Steinsäulen mit ihren Drachenmotiven. In den großen »Buddhabergen« kann gegen Spende dem Votivtäfelchen ein

Licht angezündet werden (Jhongshan Rd. 178 im Zentrum von Beigang, www.matsu.org.tw).

Penghu-Inseln 15 澎湖

Um zu entspannen, bieten sich die etwa 30 Seemeilen vor der Küste gelegenen Penghu-Inseln *(Pénghú)* an, die mit ihrem von der Fischerei geprägten Alltag einen Eindruck vom Leben, wie es früher war, vermitteln. Da Penghu schon im 14. Jh. erstmals chinesisch wurde, blieben in der Inselhauptstadt **Magong** (55 000 Einw.) historische Stätten wie alte Stadttore und ein Mazu-Tempel aus dem 15. Jh. erhalten. Teile der Küste auf Penghu sind berühmt für ihre verwitterten Basaltformationen. Und auf den Inseln **Jibei** und **Baisha** liegen gleißend weiße Sandstrände mit einfachen Hotels. Mit einem in Magong gemieteten Auto oder Motorroller lassen sich die Hauptinsel und durch Brücken verbundene weitere Inseln gut erkunden.

Info

Penghu Tourist Center
im Flughafen von Magong und Guanghua Li 171 am östl. Stadtrand
Tel. 06-921 6445
www.penghu-nsa.gov.tw
Tgl. 8–17.30 Uhr.

Verkehr

- **Fährverbindung:** Die Inseln sind von April–Okt. jeweils 1x tgl. mit Fähren (nur Fußgänger) von Budai bei Chiayi (Fahrzeit 1½ Std.) oder ganzjährig von Kaohsiung (Fahrzeit 4½ Std., Fußgänger und PKW) zu erreichen.
- **Flugverbindung:** von Taipeh Songshan Airport, Taichung, Chiayi, Tainan und Kaohsiung.

Echt gut!

Die interessantesten Tempel

- Der prächtige **Longshan-Tempel** in Taipeh ist die ideale Einstimmung auf das religiöse Leben Taiwans. › S. 58
- Feste für die Sinne: Konfuzianische Riten an Konfuzius' Geburtstag im **Konfuziustempel** › S. 63 oder taiwanische Oper im **Bao-an-Tempel** in Taipeh. › S. 63
- Tempel-Architektur in künstlerischer Vollendung: der **Zushih-Tempel** in Sansia. › S. 78
- Im Hügelgebiet des **Shihtoushan** fügt sich eine Vielzahl buddhistischer Tempel harmonisch in die natürliche Umgebung ein. › S. 91
- Der **Mazu-Tempel in Beigang** ist das Zentrum für die Verehrung der beliebten Meeresgöttin. › S. 98
- In der »Stadt der Tempel«, Tainan, sollte man sich den **Konfuziustempel**, Taiwans älteste Bildungsstätte, und den **Schrein des Nationalhelden Jheng Chenggong** *(Koxinga)* nicht entgehen lassen. › S. 116
- Nur 1 km vom Hauptbahnhof in Kaohsiung entfernt, fühlen Sie sich in eine andere Welt versetzt: Der große Platz vor dem **Sanfong-Tempel** ist Schauplatz häufiger Prozessionen. › S. 122

Der Osten

Nicht verpassen!

- die Marmor- und Granitwände der Taroko-Schlucht über dem tosenden Liwu-Fluss
- ein opulentes Meeresfrüchte-Mahl in Nanfang'ao
- die Klippen von Cingshuei
- die Reisfelder im malerischen East Rift Valley
- die Kultur der Ureinwohner bei Hualien und Taitung
- die Orte der Legenden an der Küste zwischen Hualien und Taitung

Zur Orientierung

Während die Westküste flach ins Meer ausläuft, fällt die Ostküste steil ab. Erst Ende des 19. Jhs. erreichte die chinesische Besiedlung kleine Buchten in der Region um das East Rift Valley. Daher zeigt der Osten eine besondere Bevölkerungsstruktur: Ureinwohner, Hoklo, Hakka und Festländer sind zu etwa gleichen Teilen vertreten. Im nördlichen Teil verläuft die Küstenstraße von Suao entlang hoch aufragender Klippen bis kurz vor die Kreisstadt Hualien. Etwas nördlich von dieser erstreckt sich landeinwärts die Taroko-Schlucht, eine Kathedrale der Natur aus Marmor und Granit mit fast senkrecht abfallenden Felswänden. Im südlichen Teil wechselt die Landschaft zwischen der Küste, die praktisch einem einzigen langen Strand gleicht, und der Weite des East Rift Valley im Inland.

Touren in der Region

Taroko-Schlucht und Cingshuei-Klippen

9 Hualien › Taroko-Schlucht › Cingshuei-Klippen › Hualien

Dauer: 2 Tage/100 km
Praktische Hinweise: Ab Hualien mit Mietwagen oder Bus.

Von **Hualien** › S. 104 aus bietet sich eine Tour zur grandiosen ***Taroko-Schlucht** › S. 105 an, einer der Hauptsehenswürdigkeiten des Landes. Es empfiehlt sich, zuerst aktuelle Informationen in der Parkverwaltung am Anfang der Schlucht einzuholen und dann die Schlucht in mehreren Abschnitten einschließlich der Seitenpfade zu erkunden. Am westlichen Ende bei **Tiansiang** › S. 105f. gibt es diverse Unterkünfte. Machen Sie auf dem Rückweg nach **Hualien** am folgenden Tag am östlichen Ende einen Abstecher von etwa 10 km nach Norden, um einen der schönsten Küstenabschnitte des ganzen Landes zu erleben: Dort fallen die ***Cingshuei-Klippen** › S. 103 vom Zentralgebirge steil zum Pazifik hin ab.

Von Hualien zum East Rift Valley

10 Hualien › Karpfensee › Guangfu › Tabalang › East Rift Valley › Rueisuei › Hualien

Dauer: 2 Tage/180 km
Praktische Hinweise: Ab Hualien mit Mietwagen oder Bahn/Bus.

Die P 9 ist die Route landeinwärts ins ****East Rift Valley** › S. 107 zwischen Küsten- und Zentralgebirge. Nehmen Sie die Nebenstrecke 9 B über die Jhonghua Rd.

und Jhongshan Rd. zum malerischen **Karpfensee** › S. 108, dem größten See Osttaiwans. Südlich davon stoßen Sie bei Shoufong auf die Hauptroute P 9 und gelangen zu zwei Zentren der Kultur des Ureinwohnervolks der Ami in **Guangfu** (Matai'an) › S. 108 und **Tabalang** › S. 108. In Guangfu können Sie übernachten. Am nächsten Tag sind es nur rund 30 km bis **Rueisuei** › S. 109. Dort haben Sie die Wahl zwischen einer Rafting-Tour auf dem Siouguluan-Fluss bis zur Mündung oder einer aussichtsreichen Fahrt entlang dem Flusslauf. Die Küstenstraße P 11 führt Richtung Norden wieder zurück nach **Hualien.**

Höhepunkte der Ostküste

11 Hualien › Höhlen der Acht Unsterblichen › Plattform der Drei Unsterblichen › Duli › Taitung

Dauer: 1 Tag/130 km
Verkehrsmittel: Ab Hualien mit Mietwagen oder Bus.

Wer die grandiosen Aussichten auf die Küste zwischen Pazifik und Küstengebirge sieht, wundert sich nicht, dass man den Abschnitt zwischen der Mündung des Hualien-Flusses im Norden und des Beinan-Flusses im Süden bei Taitung »East Coast National Scenic Area« getauft hat. Auf einer Strecke von 168 km kann man auf der P 11 den Trubel der Städte weit hinter sich lassen. Die langen dunklen Sandstrände verlocken zum Bad, etwa bei **Jici** › S. 104, 40 km südlich von **Hualien** › S. 104. Hier passiert man das Denkmal für den nördlichen Wendekreis des Krebses.

Jetzt wird die Küste zerklüfteter und wilder, und bald sind die Hauptsehenswürdigkeiten der Region erreicht: die **Höhlen der Acht Unsterblichen** › S. 109 und die **Plattform der Drei Unsterblichen** › S. 109. Südlich davon können Sie im **Ami Folk Center** bei Duli › S. 109 die Kultur der Ami kennenlernen, die berühmt ist für ihre farbenfrohen Festival. Weiter südlich schließen Sie in **Taitung** › S. 135 diese Tour ab.

Eine Bogenbrücke führt zur Plattform der Drei Unsterblichen

Unterwegs in Osttaiwan

Nanfang'ao 16
南方澳

Die Kleinstadt Nanfang'ao (*Nánfāng'ào,* 4000 Einw.) ist ein lohnender Zwischenstopp auf dem Weg von Taipeh über die A 5 und P 9 nach Süden. Sie bietet alles, was man von einem Fischereihafen erwartet: Seeluft, Geruch von frischem Fisch, Gedränge von Fischerkähnen in dem von einem Strandstreifen geschützten Hafen und die Geräuschkulisse der Fischauktionen. **Am Morgen bekommt man am Fischmarkt die frischen Fänge** von Thunfischen, Tintenfischen und Haien zu sehen, die ab 14 Uhr versteigert werden. Schon eine Stunde später liefern die Händler die frische Ware an die zahllosen Restaurants, die sich entlang der Yugang Road bis zum Nantian-Tempel aneinanderreihen.

Echt gut!

Restaurants

■ **Fumei**
Haibian Rd. 111][Tel. 039-962 807
Seit 1966 bietet das Traditionsrestaurant Spezialitäten wie Aal, Barsch und Krebse. Tgl. 10.30–20 Uhr. ●●

■ **Yongfeng**
Sudong N. Rd. 1-7, Su'ao
Tel. 039-963 765
Von Su'ao aus kurz hinter dem Lanyang-Tunnel. Gerühmt für **fangfrische Ware von Krabben und Tintenfischen,** von April bis Juni auch Thunfisch. Beim Bestellen nach dem Preis fragen. Tgl. 9–20.30 Uhr. ●●

Echt gut!

**Su-Hua-Küstenstraße 17
蘇花公路

Die 118 km lange Strecke *(Sūhuā Gōnglù)* von Nanfang'ao nach Hualien führt meist dicht an den Felsen entlang und gilt als **eine der spektakulärsten Küstenstraßen der Welt.** Die Strecke bietet fantastische Ausblicke auf den Pazifik, fordert allerdings die volle Konzentration des Fahrers. Besonders schroff bricht das Land etwa 30 km vor Hualien ab, bei den berühmten ***Cingshuei-Klippen** 18 清水斷崖 *(Qīngshuǐ Duànyái)*, die zu den höchsten der Welt zählen. Ein Ausläufer des Zentralgebirges von rund

Echt gut!

Herrliche Landschaft am Pazifik bietet Taiwans Ostküste

1000 m Höhe fällt hier steil zum Pazifik ab. Nach Taifunen oder Erdbeben sollte man sich vor der Fahrt nach dem Straßenzustand erkundigen!

Hualien 19 花蓮

Der wichtigste Ort der Ostküste (*Huālián*, 110 000 Einw.) lebt vom

Echt gut!

Marmor, der hier in jede nur denkbare Form gemeißelt und geschliffen wird, z.B. in der **Stone Art Street** in der Innenstadt (Ecke Boai St./Chongcing Rd.). Abgesehen von einer attraktiven **Uferpromenade** mit Radweg besitzt Hualien ansonsten kaum Sehenswertes, sondern ist eher ein bevorzugter Ausgangspunkt für Touren in die Taroko-Schlucht › S. 105.

Hotels

■ **Parkview**

Linyuan 1-1][Tel. 03-822 2111
www.parkview-hotel.com
Top-Hotel in Hafennähe mit 344 stilvollen Zimmern. Chinesisches, westliches und japanisches Restaurant, Fitness- und Wellness-Angebote, großer Swimmingpool, Fahrradverleih. ●●●

■ **Naluwan Hotel**

Guolian 5th Rd. 7-3
Tel. 03-835 4833
naluwan20056728@yahoo.com.tw
Geräumige Zimmer in Bahnhofsnähe, Einrichtung im Stil der Ureinwohner. Restaurant. ●●

Restaurants

■ **San Guo Yi / San-koku-ichi**

Heping Rd. 536-1][Tel. 03-831 1902
www.tw301.com.tw
Sehr edel in japanisch-modernistischem Stil eingerichtetes Fischrestaurant, die Spezialität ist Mondfisch. Tgl. 11–14, 17–21 Uhr. ●●●

■ **Erou Siansheng**

Jhongshan Rd. 259
Tel. 03-833 1902
Kleines Restaurant, bekannt für Gänsefleischgerichte und Spezialitäten wie Fischeiersalat. Tgl. 11–0.30 Uhr. ●●

Shopping

Tsen Tsi Moa-tsi

Jhongjheng Rd. 446
Ecke Jhongsiao St.
Tel. 03-834 1000
Hier gibt es eine besonders leckere Spezialität: mit roten Bohnen, Erdnuss-, Sesampaste o.a. gefüllte Moa-tsi-Kuchen aus Klebreis. Tgl. 6.30–22.30 Uhr.

Ausflüge nach Cisingtan 七星潭 und Jici 磯崎

Mieten Sie sich ein Fahrrad im Hotel oder in einem Laden am Ufer und radeln Sie den reizvollen Coastal Bike Trail 15 km nach Norden bis zum Kieselstrand von **Cisingtan** *(Qīxīngtán)* Auf halber Strecke kann man den Hafen in einer großen Schleife umfahren, bis zum Fischereihafen an der Kaimauer und einem Anleger für Walbeobachtungstouren. Wer vor allem schwimmen möchte, fährt allerdings am besten mit dem Auto 40 km die Küstenstraße P 11 nach Süden bis zum dunklen Sandstrand von **Jici** *(Jīqí)*.

Karte Seite 82

8 ***Taroko-Schlucht 20 太魯閣

Über Jahrmillionen hat sich der Fluss Liwu durch das dichte Gestein gegraben. Marmor und Granit stehen in bis zu 500 m hohen Wänden beidseits des tosenden Flusslaufs, in den immer wieder kleine Wasserfälle rieseln. Kein Wunder, dass die Taroko-Schlucht bei keiner Taiwan-Reise fehlen darf und zu Taiwans ersten Kandidaten für den Status eines Weltnaturerbes gehört. Die Japaner nannten den etwa 19 km langen Felseinschnitt Taroko, auf Chinesisch ausgesprochen heißt er *Tàilǔgé*.

Die stetig ansteigende Schlucht reicht bis zur Siedlung **Tiansiang,** die Übernachtungsmöglichkeiten bietet und an der Pagode des Siangde-Tempels leicht zu erkennen ist. Von der Anhöhe, auf der die Pagode steht, überblickt man das ganze Tal.

Es lohnt sich, die Wanderschuhe zu schnüren. Die Wege sind teilweise in den Fels gehauen und führen über Hängebrücken und an Wasserfällen vorbei mit reizvollen Ausblicken über den Fluss Liwu und die Seitentäler. Unabdingbar sind festes Schuhwerk und Schutz vor Regen- und Spritzwasser. Auch eine Taschenlampe sollte man dabeihaben, denn manchmal müssen lange, unbeleuchtete Tunnel passiert werden. Da die Wege immer wieder durch Taifune und Erdrutsche beschädigt werden, sollte man vor

Spektakulär eng: Taroko-Schlucht

Aufbruch bei der Parkverwaltung oder in Tiansiang Informationen über den aktuellen Zustand sowie die Wettervorhersage einholen.

Unterwegs in der Schlucht

Der **Shakadang-Pfad** beginnt oberhalb der Parkverwaltung nach einem Tunnel und führt den Shakadang-Bach entlang bis zur Lichtung von Wujianwu (4 km, ca. je 1 Std. hin und zurück, ab 2013 wieder geöffnet). Etwa 3 km oberhalb der Parkverwaltung, wo die Straße den Fluss quert, führt hinter der Brücke ein anspruchsvollerer Weg zum **Schrein des Ewigen Frühlings** 長春祠 *(Chángchūncí)*. Auf einem Felsen über einem Wasserfall gelegen, erinnert er an die Arbeiter, die beim Bau des Cross-Island Highway umkamen.

Höhepunkt jeder Taroko-Tour ist das **Schwalbentor** 燕子口 *(Yànzikǒu)*, ein 1 km langer Abschnitt der Hauptschlucht, in dem

Karte Seite 82

im Frühsommer die Schwalben nisten. Von der Hauptstraße betritt man einen bequemen, in den Felsen gehauenen Panoramaweg. Das Tosen des Flusses wird lauter, bis man die Hunderte Meter aufragenden Felswände sieht.

Die beliebte Neun-Kehren-Höhle 九曲洞 *(Jiǔqūdòng)* ist leider bis auf Weiteres gesperrt. Der **Huoranting-Pfad** 豁然亭 *(Huòrántíng)* ist jedoch eine lohnende, wenn auch steile Alternative. Er führt vom Activity Center hoch bis zum Pavillon an der Hauptstraße (oder umgekehrt, Parkplatz vorhanden) und bietet von dort einen fantastischen Blick über die ganze Gegend.

In Tiansiang lohnt ein Abstecher zum **Baiyang-Pfad.** Man folgt der Hauptstraße knapp 1 km flussaufwärts zu einem Tunnel auf der linken Seite. Am anderen Ende öffnet sich ein Seitental mit herrlichem Blick auf Gesteinsformationen, den reißenden Bach und üppige Vegetation. Der Weg (3,3 km) führt vorbei am Baiyang-Wasserfall zur »Wasservorhanghöhle« 水簾洞 *(Shuǐliándòng)*.

Von Tiansiang aus kann man die ganze Taroko-Schlucht in 5-6 Std. hinabwandern. Letzter Bus von der Hauptstraße in der Nähe des Torbogens am Ufer gegenüber der Parkverwaltung zurück nach Hualien um 20.10 Uhr.

Info

Taroko National Park Headquarters
am östlichen Ende der Schlucht vor dem Tunnel][Tel. 03-862 1100
www.taroko.gov.tw
Die Parkverwaltung hat englischsprachiges Info- und Kartenmaterial und Personal. Hier und in Tiansiang können Schutzhelme kostenlos ausgeliehen werden. Tgl. 8.30–16.45 Uhr (jeden 2. Mo im Monat geschl.).

Verkehr

- **Busse** fahren ab **Bhf. Hualien** in 1 Std. bis zur Parkverwaltung, in 1 Std. 50 Min. bis Tiansiang (letzter Bus ab Hualien um 15 Uhr, letzter Bus ab Tiansiang um 18.30 Uhr).
- Mit dem **Auto** kann man innerhalb der Schlucht nur an wenigen Stellen parken. An Wochenenden und Feiertagen zieht sich mitunter eine lange Schlange aus Pkws und Bussen über die enge Straße.

Hotels

- **Silks Place Taroko**
Tiansiang Rd. 18][Sioulin
Tel. 03-869 1155
http://taroko.silksplace.com.tw/
5-Sterne-Hotel in Tiansiang mit 212 sehr großen Zimmern und Aussichts-Pool auf dem Dach. Westliche und chinesische Restaurants. ●●●
- **Leader Village Taroko**
Fushih Village 231-1][Sioulin
Tel. 03-861 0111
http://www.leaderhotel.com/blw/leadervillage/index
Als Blockhaussiedlung angelegte attraktive Anlage im Grünen oberhalb der Hauptstrecke bei Buluowan. ●●
- **Tienhsiang Youth Activity Center**
Tiansiang Rd. 30][Sioulin
Tel. 03-869 1111
www.cyctsyac.com.tw
Einfache, saubere Unterkunft mit Zwei- bis Vier-Bett-Zimmern und Restaurant. ●–●●

Restaurants

Restaurants finden sich in Tiansiang nur im **Silks Place** und im **Youth Activity Center**, dort am besten vorbestellen. Snacks und Souvenirs gibt es rund um den Busbahnhof.

Ami Cultural Village 21 阿美族文化村

Mit über 140 000 Menschen sind die Ami das zahlenmäßig größte Volk der Ureinwohner. In ihrer matriarchalischen Gesellschaftsordnung geht das Eigentum auf die Frauen über, und der Mann zieht nach der Heirat zur Familie der Frau. Die weiblichen Schamanen spielen auch heute noch eine Rolle. Durch ihre Riten sorgen sie für Harmonie mit der Natur und den Ahnen und sichern so die Gesundheit der Menschen. Traditionell lebten die Ami früher mit ihren Großfamilien in lang gestreckten Holzhäusern, die in manchen Dörfern noch heute zu sehen sind. Im Freilichtmuseum des Ami-Volkes *(Āměizú Wénhuàcūn)*, 5 km südöstlich von Hualien, kann man in Nachbauten der traditionellen Häuser einen interessanten Einblick in ihre Kultur bekommen. Ihre Tänze in leuchtend bunten Trachten sind heute allgemein beliebte Folklore, sie werden auch im »Kulturdorf« aufgeführt. In Läden gibt es **schöne kunstgewerbliche Souvenirs** zu kaufen (Haibin St. 93-1, Ren'an Village, Ji'an Township, Tel. 03-842 2884, tgl. 17–20.30 Uhr).

Echt gut!

9 **East Rift Valley 22 花東縱谷

Südlich von Hualien öffnet sich hinter dem Küstengebirge ein Graben zwischen eurasischer und philippinischer Platte: das East Rift Valley *(Huādōng Zònggǔ)*.

Echt gut!

Traditionelle Souvenirs

- Persönlich und originell: Lassen Sie sich ein chinesisches **Siegel** mit Ihrem Namen anfertigen. › S. 45
- Das aromatischste Souvenir aus Taiwan: **Tee** z.B. aus den Geschäften im alten Dadaocheng-Viertel in Taipeh. › S. 59
- Die bequemste Adresse für **kunstgewerbliche Souvenirs** ist das Handicraft Center Taipeh. › S. 67
- **Traditionelle chinesische Kleidung** finden Sie im Wufenpu-Modeviertel in Taipeh. › S. 67
- **Kunstvolle Porzellanwaren** bieten das Keramikmuseum Yingge oder die Geschäfte in der dortigen Old Street. › S. 78
- Sanyi, Taiwans Zentrum der Holzschnitzkunst, bietet **Schnitzereien** von religiöser bis zu sehr profaner Art. › S. 90
- **Souvenirs der Ureinwohner** findet man an der Ostküste im Ami Cultural Village bei Hualien › S. 107 und im Ami Folk Center bei Duli › S. 109 oder in Wulai bei Taipeh › S. 77.
- **Kunsthandwerk der Hakka-Volksgruppe** wie handbemalte Papierschirme oder traditionelle Kleidung finden Sie in Meinong. › S. 129

Dieses Tal bietet nach den steilen Felsen eine angenehme Abwechslung mit einer weiten Landschaft von Hügeln, Weiden, Reisfeldern und Teeplantagen mit angrenzenden Wäldern.

Karpfensee 23 鯉魚潭

Nach 20 km Richtung Süden erreicht man den Karpfensee *(Lǐyútán)*, den mit 1 km² größten See Osttaiwans. Das stille, klare Gewässer ist ringsum von Bergen umgeben. Ausflügler nutzen gerne die Boote oder die Fuß- und Radwege rund um den See. Bei gutem Wetter schweben vom östlich gelegenen, 601 m hohen Karpfenberg 鯉魚山 *(Lǐyúshān)* häufig Paraglider ins Tal.

Dörfer der Ami

Weitere 40 km südlich liegt der Ort **Guangfu** 24, eines der größten Ami-Dörfer, das in der Sprache der Ami **Matai'an** heißt. Sehenswert sind hier ein 70 Jahre altes Gemeinschaftshaus in Holzbauweise sowie Werkstätten, die Holzschnitzereien mit traditionellen Motiven zum Verkauf anbieten.

Ein weiteres Ami-Dorf namens **Tabalang** liegt etwas östlich. Beide Orte sind um den 20. August Schauplatz des dreitägigen Erntefestes, bei dem zahllose Zuschauer den in farbenprächtigen Kostümen aufgeführten Gesängen und Tänzen beiwohnen.

Hotel

Matai'an Hostel
Jhongshan Rd., Sec. 2, 85
Guangfu (Matai'an)
Tel. 03-870 1041
shihhen.chen@msa.hinet.net
Pension, bei deren Einrichtung moderne und traditionelle Elemente im Ami-Stil eine interessante Verbindung eingehen. Mit Restaurant und gemütlichem Café. ●●

Typisch für die bunte Tracht der Ami: der Kopfschmuck der Frauen

Rueisuei 瑞穗

Von Tabalang kann man den Hängen des Küstengebirges nach Süden folgen, durch eine weite Landschaft mit wogenden Reis- und Rapsfeldern direkt bis **Rueisuei** 25 *(Ruìsuì,* 14 000 Einw.). Dieser Ort ist Ausgangspunkt für **Rafting-Touren auf dem Fluss Siouguluan,** der sich seinen Weg auf einer Strecke von 22 km durch enge Schluchten und über Stromschnellen bis zur Mündung in den Pazifik bahnt.

Echt gut!

Aktivitäten

Rafting Service Center

Rueisuei][Tel. 03-887 5400

Im Gebäude im Stil der Ureinwohner an der Brücke östlich des Ortes. Eine Rafting-Tour (3–4 Std.) kostet 750 NT, Start ab 7/8 bis spätestens 15 Uhr.

Entlang der Ostküste

Shihtiping 26 石梯坪

Von Rueisei führt eine schmale, kurvenreiche Straße mit grandiosen Ausblicken zur Küste. Ein paar Kilometer nördlich der Mündung liegt der kleine Fischereihafen Shihtiping *(Shítípíng)* mit vulkanischen Felsformationen an der Küste und toller Aussicht über weite Küstenabschnitte.

Aktivitäten

Shihtiping Visitor Center

Tel. 03-878 1452

Infos über Touren, bei denen man mit etwas Glück Delfine und sogar Wale sehen kann. Tgl. 8.30–17 Uhr.

Höhlen der Acht Unsterblichen 27 八仙洞

Südlich von Shihtiping passiert man auf der P 11 zunächst das Denkmal, das den Wendekreis des Krebses markiert. In den bald dahinter folgenden Höhlen der Acht Unsterblichen *(Bāxiāndòng)* sollen diese daoistischen Heiligen der Legende nach gelebt und meditiert haben. Ein Fußweg führt zu den Höhlen und Felsvorsprüngen oben auf der Klippe. Nach Archäologenmeinung bilden sie die älteste prähistorische Stätte Taiwans und waren schon in der späten Steinzeit bewohnt. Bevor der Staat sie als schützenswert einstufte, hatten Gläubige hier bereits Buddhafiguren und andere Statuen aufgestellt. Von oben hat man eine gute Aussicht über die Küste (zugänglich 8.30–17 Uhr).

Plattform der Drei Unsterblichen 28 三仙台

20 km weiter folgt die Plattform der Drei Unsterblichen *(Sānxiāntái).* Auf ihr sollen drei der Acht Unsterblichen bei einer Reise gerastet haben, was angesichts der Aussicht nicht wundert. Eine achtbogige Brücke, die den Rücken eines Drachen symbolisiert, verbindet das Festland mit der kleinen Felseninsel.

Ami Folk Center 29

Am Südrand der Siedlung **Duli** liegt das Ami Folk Center, in dem man u.a. **Kunstgewerbe der Ami** kaufen kann und (Tel. 089-841 751, tgl. 10–16 Uhr, Tanzaufführungen bei genügend Nachfrage).

Echt gut!

Der Süden

Nicht verpassen!

- Konfuziustempel in Tainan, Taiwans erste Bildungsstätte
- Snacks auf den Märkten Tainans
- den Blick über den Hafen Kaohsiungs vom ehemaligen britischen Konsulat
- die Bergkulisse und Hakka-Kultur in Meinong
- frischen Thunfisch in den Restaurants von Donggang
- Badespaß in tropischer Umgebung in Kending
- Kultur der Ureinwohner in und um Taitung

Zur Orientierung

Taiwans Süden folgt einem gemächlicheren Rhythmus im Vergleich zum hektischen Norden. Zweigeteilt durch die Ausläufer des Zentralgebirges ist diese Region historisch, kulturell, kulinarisch und landschaftlich ungeheuer vielfältig.

Historie und Kultur ist das Motto, und das gilt in erster Linie für Tainan, die einstige Inselhauptstadt, von der die chinesische Besiedlung Taiwans ihren Ausgang nahm und die mit ihrem Reichtum an Kulturdenkmälern eine sehr traditionelle Atmosphäre verströmt. »Stadt der Tempel« wird sie auch genannt und ist nicht zuletzt berühmt für ihre kulinarische Vielfalt. Die lebendige Metropole Kaohsiung punktet dagegen vor allem als zweitgrößte Stadt des Landes mit maritimem Flair, das vom größten Hafen Taiwans ausgeht. Weiter südlich laden charmante Kleinstädte wie der bedeutende Fischereihafen Donggang oder Hengchun zum Bummeln ein, während man in den Bergen um Meinong einen interessanten Einblick in die Kultur der Hakka erhält. An der Südspitze um den Nationalpark Kending wiederum stehen Badespaß in tropischer Umgebung und Wassersport jeglicher Art auf dem Programm. Der schmale Küstenstreifen auf der Ostseite um Taitung ist besonders durch die Kultur der Ureinwohner geprägt.

Touren in der Region

Von Tainan in die Berge

(12) Tainan › Meinong › Baolai › Sinfa › Tengjhih › Maolin › Duona › Tainan/ Kaohsiung

Dauer: 3 Tage/280 km
Praktische Hinweise: Mietwagen. Per Bus umständlich, aber möglich, z.B. von Tainan via Cishan nach Meinong. Jeweils vor Ort über die lokalen Verbindungen informieren. Evtl. Lücken per Taxi überbrücken.

Im Mittelpunkt dieser Tour steht die Natur. Südlich von ****Tainan** › S. 115 verlässt man die A 3 bei Tianliao und fährt auf der K 184 ostwärts. Schon bald durchquert man eine von der Erosion geschaffene bizarre Landschaft, bekannt als »Moon World«. Über Cishan gelangen Sie nach **Meinong** › S. 129, ein auf drei Seiten von Bergen umgebenes Tal und Zentrum der Hakka-Kultur im Süden, in dem auch vielerlei Kunsthandwerk angeboten wird. Hier lohnt es sich, eine Übernachtung einzulegen. Wer zwischen Mai und Oktober Lust auf eine Rafting-Tour hat, fährt nach Nordosten über die K 184 an den 18 Luohan-Bergen vorbei und über Liouguei, das für seine Mangos und Wachsäpfel bekannt ist. Über die P 27 und P 20 gelangt man nach **Baolai** › S. 130 am South Cross Island Highway. Von dort können Sie auf dem **Laonong-Fluss** stromabwärts bis **Sinfa** › S. 130 raften. 10 km südlich von Sinfa auf der P 27 zweigt kurz vor Liouguei eine schmale Straße ab zum rund 20 km entfernten **Tengjhih** › S. 130. Die Abgeschiedenheit dieses ursprünglichen Waldgebiets auf 1600 m Höhe ist ideal für Spaziergänge und für eine weitere Übernachtung. Am dritten Tag können Sie 40 km weiter südlich im Landschaftsschutzgebiet von **Maolin** › S. 130 außer Natur pur auch die Kultur der Rukai erleben, insbesondere im Dorf **Duona** › S. 130. Zurück nach **Tainan** oder weiter nach ***Kaohsiung** › S. 121 geht es über die P 27 und bei Gaoshu über die P 22 auf die Autobahn.

Von Kaohsiung nach Kending

13 Kaohsiung › Foguangshan › Donggang › Liouciou › Checheng › Hengchun › Kending

Dauer: 3 Tage/150 km
Praktische Hinweise: Mietwagen. Busverbindung von Kaohsiung nach Foguangshan, ebenso bis nach Kending.

Taiwans größtes buddhistisches Zentrum, zugleich ein Ort der Meditation und eine Art Disneyland des Buddhismus, **Foguangshan** › S. 128, ist die kurze Fahrt von ***Kaohsiung** › S. 121 nach Nordosten auf jeden Fall wert. Ansonsten führt diese Tour in Etappen bis an die Südspitze Taiwans, wo sich in tropischer Umgebung der ****Nationalpark Kending** › S. 132 mit dem Top-Strandort Taiwans erstreckt.

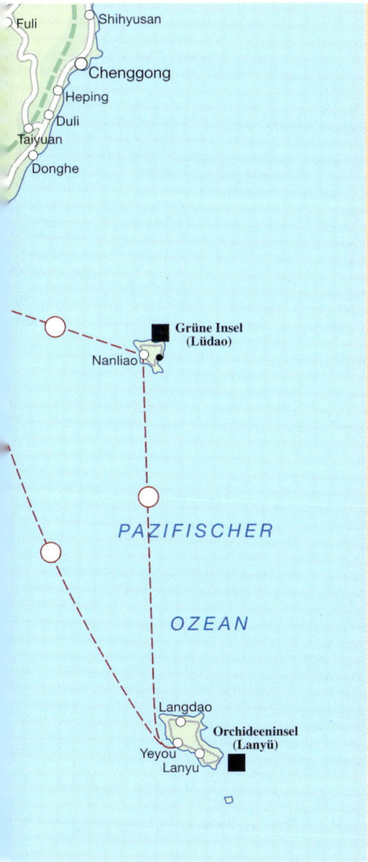

12

Von Tainan in die Berge **Tainan › Meinong › Baolai › Sinfa › Tengjhih › Maolin › Duona › Tainan/Kaohsiung**

13

Von Kaohsiung nach Kending **Kaohsiung › Foguangshan › Donggang › Liouciou › Checheng › Hengchun › Kending**

14

Taitung und Umgebung **Taitung › Beinan › Jhihben › Grüne Insel › Orchideeninsel › Taitung**

Nachdem Sie von Kaoshiung aus das nahe Foguangshan besucht haben, geht es zunächst über die P 21 und dann auf der Küstenstraße P 17 in den nicht weit entfernten Fischereihafen **Donggang** › S. 130, der schon wegen der frischen Meeresfrüchte ein geeigneter Ort für ein leckeres wie entspanntes Abendessen und eine Übernachtung ist. Wenn Sie wollen, können Sie von hier einen Ausflug auf die 15 km vor der Küste gelegene kleine Koralleninsel **Liouciou** › S. 132 unternehmen. Auf dem weiteren Weg nach Süden erreicht man bald die Kleinstadt **Linbian** › S. 132, Hauptstadt des Wachsäpfelanbaus

Steinstelen vor dem Fort Provintia

(蓮霧/*Liánwù*), vorbei. Die nächsten 50 km bis **Checheng** › S. 132 stehen ganz im Zeichen der fabelhaften Aussicht auf die Küste und die Straße von Taiwan. Bei Checheng lockt das große Meeresaquarium, anschließend ein Bummel durch die Altstadt von **Hengchun** › S. 132. Ziel dieses Tages und letzter Übernachtungsort ist Taiwans Badeort Nr. 1, ****Kending** › S. 132.

Taitung und Umgebung

14 Taitung › Beinan › Jhihben › Grüne Insel › Orchideeninsel › Taitung

Dauer: 2–5 Tage/40 km
Praktische Hinweise: Mietwagen oder mit Bus oder Taxi nach Beinan, Bus nach Jhihben. Fähre oder Flugzeug zu den Inseln.

Von **Taitung** › S. 135 ist es nur ein kurzer Weg zu den bedeutenden archäologischen Stätten von **Beinan** › S. 136, die Auskunft über die entfernten Vorfahren der heutigen Ureinwohner geben. Danach ist das 20 km südwestlich von Taitung gelegene Gebiet von **Jhihben** › S. 136 mit seinen Wäldern und heißen Quellen genau das Richtige zum Entspannen und Übernachten. Wer möchte, kann in insgesamt fünf Tagen auch auf der ***Grünen Insel** › S. 137 schnorcheln und tauchen sowie auf der ***Orchideeninsel** › S. 137 die einzigartige Kultur des Volks der Tao erleben.

Unterwegs in Südtaiwan

10 **Tainan 1
台南

Die ehemalige Inselhauptstadt Tainan (auch 臺南, *Táinán*) ist von einer ganz anderen Atmosphäre geprägt als Taipeh, ihr Rhythmus ist gemächlicher, und durch die Konzentration bedeutender historischer Stätten und Tempel wirkt sie viel traditioneller. In Anbetracht ihres kulturellen Erbes nennen die Taiwaner sie respektvoll »alte Hauptstadt der Kultur« 文化古城 *(wénhuà gǔchéng)*, im ganzen Land gerühmt für ihre Vielfalt leckerer, kleiner Gerichte 小吃 *(xiǎochī)*. Und doch ist Tainan mit 770 000 Einwohnern auch Taiwans viertgrößte Stadt, eine moderne Großstadt mit allen Annehmlichkeiten. Für den Besucher sind vor allem das Stadtzentrum und der Vorort Anping nahe der Küste interessant. Für einen Aufenthalt sollte man zwei bis drei Tage einplanen.

Fort Provintia A 赤崁樓

Die heutigen Gebäude des Fort Provintia *(Chìkǎnlóu)* in der Minzu Road, etwa 1 km westlich des Hauptbahnhofs, sind schöne Beispiele chinesischer Architektur des 19. Jhs. und stehen auf den Fundamenten der Festung Provintia von 1653, die den Niederländern als Verwaltungssitz diente. 1662 wählte Jheng Chenggong nach deren Vertreibung Provintia als seinen Sitz. Heute zeigt hier eine Ausstellung Relikte seit der Zeit der Niederländer.

Das vor dem Gebäude aufgereihte Ensemble von neun Steinstelen auf dem Rücken von Schildkröten, dem Symbol für Langlebigkeit, erinnert an die Niederschlagung des Lin-Shuangwen-Aufstands von 1788, eines von vielen Aufständen gegen die Herrschaft der Qing-Dynastie (Minzu Rd., Sec. 2, 212, tgl. 8.30 bis 17.30, Park bis 21.30 Uhr).

Tempel des Kriegsgottes Guangong B
祀典武廟

Gegenüber dem Fort Provintia steht der daoistische Tempel des Kriegsgottes Guangong *(Sìdiǎn Wǔmiào)* aus der Mitte des 17. Jhs. Er ist einer der ältesten des Landes. Verehrt wird hier Guangong, ein vergöttlichter General aus dem 3. Jh., dessen rotgesichtige Statue in der ersten der drei Hallen steht. Der General gilt als Symbol für Loyalität und Aufrichtigkeit, und wegen seiner Fähigkeiten in der Geldverwaltung verehren ihn Geschäftsleute als Gott des Handels. Feine Holzschnitzereien und lebhaft gemalte Türgötter sowie Steinreliefs mit Tieren und daoistischen Unsterblichen zieren den täglich von zahlreichen Gläubigen besuchten Tempel (tgl. 8.30–21 Uhr).

Mazu-Tempel C

大天后宮

Durch eine Gasse, in der Wahrsager ihre Dienste anbieten, erreicht man Tainans farbenprächtigen Mazu-Tempel *(Dà Tiānhòu gōng)*, ursprünglich als Residenz für den letzten Thronerben der Ming-Dynastie erbaut und 1684 in einen Tempel für die Meeresgöttin umgewandelt (Yongfu Rd., Sec. 2, Lane 227, 18, tgl. 5.30–21 Uhr).

Wu-Garten D 吳園

Der Wu-Garten *(Wúyuán)* vereint für Taiwan repräsentative historische Baustile an einem Ort: Die alte **Stadthalle** von 1911, das Liu-Haus in japanischer Holzbauweise und dahinter der Garten **mit Teich, künstlicher Berglandschaft und typischer Süd-Fukien-Architektur** (Schwalbenschwanzdächer) (Mincyuan Rd., Sec. 2, 30, tgl. 8.30–17.30 Uhr).

Echt gut!

Nationalmuseum Taiwanischer Literatur

E 臺灣文學博物館

Der frühere Verwaltungssitz der Japaner beherbergt das Nationalmuseum Taiwanischer Literatur *(Táiwān wénxué bówùguǎn)*, das die geistigen Strömungen vorstellt, die Taiwan geprägt haben (Jhongjheng Rd. 1, Di–So 9–21 Uhr, Eintritt frei, Erläuterungen und Audioguides auf Englisch, www.nmtl.gov.tw).

*Konfuziustempel F

孔廟

Echt gut!

Eine der **berühmtesten Sehenswürdigkeiten Taiwans** ist der Konfuziustempel *(Kǒngmiào)* von Tainan. Der Ehrentitel »Erste Schule Taiwans« weist auf die Gründung 1665 als Ausbildungsstätte für die konfuzianische Lehre hin. Der kleine Park davor ist mit majestätischen alten Banyanbäumen bestanden und ein beliebter Treffpunkt der älteren Generation. Nach Betreten des Innenhofes sind zur Linken noch die alten Studierzimmer zu sehen, in der »Halle des Großen Erfolges« wird der Meister verehrt. Sie ist dekoriert mit Kalligrafien aus der Qing-Dynastie, historischen Gewändern, Büchern und Musikinstrumenten (Nanmen Road 2, tgl. 8.30–17.30 Uhr, Außenanlagen bis 21 Uhr).

Großes Südtor G

Die Nanmen Road ist nach dem Großen Südtor von 1736 benannt. Es blieb als einziges der einst insgesamt 14 Stadttore mit einem Stück der Stadtmauer erhalten und wurde 1977 in seiner ursprünglichen Form restauriert (Nanmen Rd. 34).

Jheng-Chenggong-Schrein H 延平郡王祠

Echt gut!

Der Jheng-Chenggong-Schrein *(Yánpíng jùn Wángcí)* ist der **erste und bedeutendste Schrein dieser Art in Taiwan.** In Anerkennung seiner Verdienste bei der Vertreibung der Niederländer und der chinesischen Erschließung Taiwans befahl ein kaiserliches Edikt den Bau einer Erinnerungsstätte, die dann 1875 in einem Haus aus dem 17. Jh. entstand. In einem neuen Gebäude rechts des Schreins gibt es ein kleines kulturgeschichtliches Museum mit Exponaten der Volkskunst und aus der Zeit Jheng Chenggongs (Kaishan Rd. 152, tgl. 8.30–17.30 Uhr).

Tempel des Stadtgottes **I** 城隍廟

Richtung Norden bzw. Bahnhof gelangt man zum prächtigen Tempel des Stadtgottes *(Chénghuáng Miào)*. 1669 erbaut, ist er einer der ältesten des Landes. Schnitzereien und eine Vielzahl unterschiedlicher Götterfiguren, viele von ihnen durch Rauch geschwärzt, schmücken den Opferraum. Der Stadtgott rechnet in der Unterwelt die guten und schlechten Taten der Menschen gegeneinander auf, symbolisiert durch die beiden riesigen Abakusse. Hierzu passt auch die bedrohliche Inschrift aus drei großen goldenen Schriftzeichen am Eingang: »Du bist (endlich zum Richtplatz) gekommen!« (Cingnian Rd. 133, tgl. 6-21 Uhr).

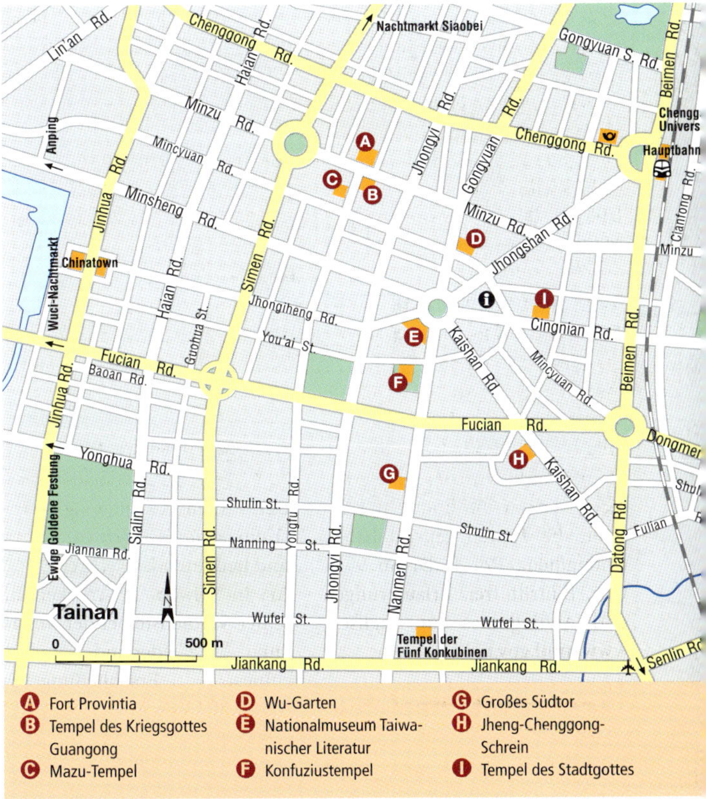

A Fort Provintia
B Tempel des Kriegsgottes Guangong
C Mazu-Tempel
D Wu-Garten
E Nationalmuseum Taiwanischer Literatur
F Konfuziustempel
G Großes Südtor
H Jheng-Chenggong-Schrein
I Tempel des Stadtgottes

Info

Visitor Information Center
Mincyuan Rd., Sec. 1, 243, 10 F
Tel. 06-226 5681
http://foreigner.tncg.gov.tw/en
Mo–Fr 9–17 Uhr; Zweigstelle am Ausgang Hbf., tgl. 9–18 Uhr.

Hotels

Tayih Landis
Simen Rd., Sec. 1, 660
Tel. 06-213 5555
www.tayihlandis.com.tw
Große Zimmer und Suiten. Zentral gelegen, mehrere asiatische und westliche Restaurants,Loungebar, Pool. ●●●

Dynasty
Chenggong Rd. 46
Tel. 06-225 8121
tndynasty@aceland.com.tw
Bei Geschäftsleuten beliebtes Mittelklasse-Hotel im Zentrum. ●●

Tainan
Chenggong Rd. 1][Tel. 06-228 9101
www.hotel-tainan.com.tw
Gutes Traditionshotel am Bahnhof; taiwanische und kantonesische Küche, Business Center. ●●

Asia
Jhongshan Rd. 100
Tel. 06-222 6171
asialilypi@gmail.com
Beliebtes Budget-Hotel mit geräumigen Zimmern und Restaurant. ●

Hann Gong
Jhongshan Rd. 199
Tel. 06-226 9115][Fax 226 9119
Einfaches, günstiges Quartier mit persönlichem Service im Zentrum. ●

Restaurants

A Mei Restaurant
Mincyuan Rd., Sec. 2, 98
Tel. 06-222 2848
Spezialität ist die gedünstete Enten-Kasserolle; tgl. 11–14, 17–21 Uhr. ●●●

A Sia Restaurant
Jhongyi Rd., Sec. 2, Lane 84, 7
Tel. 06-225 6789
Bekanntes Seafood-Restaurant seit 1940, Küche Di–So 11–13.50, 17 bis 19.50 Uhr). ●●●

LiLy Fruit
Fucian Rd., Sec.1, 199
Tel. 06-213 7522
Typisches geraspeltes Wassereis mit frischem Obst, Früchte-Milchshakes oder Obst pur. Tgl. 11-23 Uhr. (1. und 3. Mo im Monat geschl.) ●

Chihkan Guancaiban
Haian Rd./Youai St.
Kangle Market 180, (Shakaliba)
Tel. 06-224 0014
Serviert seit 1942 u.a. die lokale Spezialität »Sargbrett« 棺材板 *(Guāncáibǎn)* – mit Frikassee gefüllte, krosse Toastscheiben. Tgl. 10.30–21 Uhr. ●

Tu Hsiao Yueh Tan Tsai Noodles
Jhongjheng Rd. 16
Tel. 06-223 1744
www.iddi.com.tw
Hier gibt es das berühmte lokale Nudelgericht: Eiernudeln mit Fleischsauce. Tgl. 11–24 Uhr. ●

Echt gut

Nachtmärkte: Siaobei, Simen Rd., Sec. 4/Hewei Rd. (Di, Fr); **Dadong**, Linsen Rd., Sec. 2 (Mo, Di, Fr); **Huayuan**, Hai-an Rd., Sec. 4/Hewei Rd. (Do, Sa, So); **Wusheng**, Wusheng Rd. (Mi, Sa).

Shopping

Shin Kong Mitsukoshi
Simen Rd., Sec. 1, 658
Taiwanisch-japanisches Kaufhaus.

Mincyuan Rd.
Kleinere Läden mit traditioneller Bekleidung, Tee, Laternen, chinesischer Medizin und ähnlichen Dingen.

Karte Seite 112

■ **Jademarkt**
Jhonghua W.Rd., Sec.1, 215
Auch Kalligrafien und Teegeschirr.
Mo, Di, Sa.

Nightlife

■ **The Armory**
Gongyuan S. Rd., 82
Tel. 06-226 9520
www.armorypub.com.tw
Beliebte Party-Location; tgl. 20–5 Uhr, Fr/Sa DJ-Partys oder Livemusik.

■ **LaSight**
Jiankang Rd., Sec. 1, 260, B 1
Tel. 06-214 9818
Beliebter Disco-Pub. Tgl. 22–4 Uhr, manchmal auch bis 5 Uhr.

Ausflüge von Tainan

Anping 2 安平

Zum Schutz des heute versandeten Hafens von Anping *(Ānpíng)* erbauten die Niederländer das **Fort Zeelandia** 安平古堡 *(Ānpíng gúbǎo)*. Die 1624–1634 errichtete Festung diente ihnen bis 1662 als Stützpunkt. Sie wurde während der Opium-Kriege im 19. Jh. weitgehend zerstört, doch von den Japanern wieder aufgebaut. In den 1970er-Jahren kam der Aussichtsturm mit Blick auf das Meer hinzu. Sehenswert sind die halbrunden **Befestigungsanlagen und die historische Ausstellung** im Fort sowie im kleinen Museum gegenüber mit Kleidung und Alltagsgegenständen aus dem 17. Jh. (Guosheng Rd. 82, 8.30 bis 17.30 Uhr; vom Bhf. mit Bus 2, TourTaiwan Bus 99 oder Taxi).

Echt gut!

Östlich des Forts, in der Gegend zwischen Jhongsing Street und Anping Road, breitet sich das alte Viertel von Anping aus, **Old Street** 老街 *(Lǎojiē)* genannt. Hier liegen die ältesten Straßen Tainans und damit ganz Taiwans. Auch heute ist es ein lebendiges Viertel mit Geschäften, die traditionelle Spezialitäten anbieten, und einem historischen **Mazu-Tempel** 天后宮 *(Tiānhòu Gōng)*. In dem außergewöhnlich prächtig dekorierten Gebäude mit einem auffälligen Dach aus grünen Ziegeln stehen drei Mazu-Statuen, die Jheng Chenggong 1661 aus der Heimat Mazus in China mitgebracht haben soll (Guosheng Rd. 33).

Etwa 2 km südlich der Festung Zeelandia liegt auf der anderen Seite des Anping-Kanals die **Ewige Goldene Festung** 億載金城

Aussichtsturm des Fort Zeelandia

(Yìzài Jīnchéng). Präfekt Shen Baojhen ließ sie 1876 von einem französischen Architekten zum Schutz vor einer japanischen Invasion errichten und mit britischen Kanonen ausstatten. Zugang bot ursprünglich eine Zugbrücke, die einen mit Meerwasser gefüllten Festungsgraben überwand. Der offene Vorplatz diente dem Drill der Soldaten (Guangjhou Rd. 3, tgl. 8.30 bis 17.30 Uhr; vom Bhf. Bus 14 oder Taxi vom Fort Zeelandia).

Restaurant

Dongsing Yanghang 東興洋行
Anbei Rd., Lane 233, 3
Tel. 06-228 1000
Deutsche Küche und frisches Bier im deutschen Handelshaus aus dem 19. Jh., Nähe Fort Zeelandia. Tgl. 11–21, Fr/Sa bis 23 Uhr. ●●

Lu'ermen-Tempel 3
鹿耳門聖母廟

Nach etwa 5 km auf der P 17 von Anping Richtung Norden zweigt die Siancao Street nach Westen ab und führt zum Mazu-Tempel von Lu'ermen *(Lù'ěrmén Shèngmǔmiào)*, dessen gewaltige Palastarchitektur kilometerweit sichtbar ist (TourTaiwan Bus 99 ab Bhf. Tainan). Jheng Chenggong (bekannt als Koxinga) ließ hier 1662 den ersten Tempel bauen, während die heutige Anlage aus dem 20. Jh. stammt. Die schwarzgesichtige Mazu befindet sich in der zweiten Halle, wo Fresken die Überfahrt Jhengs nach Taiwan darstellen. Die hintere Halle ist dem Buddhismus gewidmet. Besonders schön ist das während des Laternenfestes (› S. 45) abgebrannte Feuerwerk.

Budaisi – taiwanisches Handpuppentheater

Budaisi 布袋戲 *(bùdàixì)* bedeutet wörtlich »Tuchsackoper«. Ursprünglich genügte dem Aufführenden ein um den Körper geschlungenes Tuch, das die Bühne simulierte. Die Puppen haben kunstvoll aus Holz geschnitzte oder aus bemalter Keramik gefertigte Köpfe und tragen farbenprächtige Gewänder. Bunt sind oft auch die Bühnen. Der Zeigefinger des Puppenspielers hält den Kopf, der Daumen und die anderen Finger bewegen die Arme. Das klingt einfach, erfordert aber lange Übung, bevor der Spieler den Figuren ihren unverwechselbaren Charakter zu geben vermag. Wie in der Oper gibt es weibliche, männliche und komische Figuren, Kinder und Tiere, Zivilisten und Militärs; bunt bemalte Gesichter stellen kraftvolle Charaktere dar. Die Regeln sind allerdings nicht so streng. Gerne werden Volksmärchen und Stoffe aus den klassischen chinesischen Romanen wie »Die Drei Reiche« oder »Der Traum der Roten Kammer« bei Tempelfesten, v.a. in Tainan, Taipeh, Lugang, oder in Theatern aufgeführt. Mit etwas Glück kann man Originalpuppen auf Nachtmärkten kaufen.
1993 setzte Hou Hsiao-hsien in dem preisgekrönten Film »Der Meister des Puppenspiels« dem Altmeister des Budaisi, Li Tien-lu, ein eindrucksvolles cineastisches Denkmal.

Cigu 4 七股

Die Gegend ist für ihre Fischzucht und für die Meersalzgewinnung bekannt. Richtung Norden ragen beim Ort Cigu *(Qīgŭ)* scheinbar schneebedeckte Hügel auf. Es sind die **Salzberge von Cigu,** ein Nebenprodukt der größten Produktionsstätte von Industriesalz. Das **Salzindustriemuseum** mit seinen weißen Pyramidendächern bietet einen umfassenden Einblick in die Geschichte der Salzproduktion (von der P 17 westlich auf die K 176 oder per TourTaiwan Bus 99 ab Bhf. Tainan, www.taiwan-salt.com.tw/english, tgl. 9–17 Uhr, letzter Einlass 16 Uhr).

Nankunshen-Tempel 5
南鯤身代天府

Nahe beim Ort Beimen liegt der große Tempelkomplex von Nankunshen *(Nánkūnshēn Dàitiānfŭ).* Er ist dem in der Region Tainan besonders verehrten Wang Ye gewidmet, einem Sammelbegriff für viele Schutzgottheiten, und gilt als die führende Institution für die über 1000 Wang-Ye-Tempel im ganzen Land. Berühmt ist das von einem schönen Park umgebene Heiligtum v.a. für seine großen Tempelfeste. Über das Jahr hinweg strömen bis zu 4 Millionen Gläubige hierher, um an den Selbstgeißelungsritualen der Schamanen 乩童 *(jītóng)* teilzunehmen, bei denen reichlich echtes Blut fließt. Die wichtigsten Tempelfeste finden vom 11.–20. Tag des 6., 8. und 9. Mondmonats sowie vom 21.–30. Tag des 4. Mondmonats statt.

*Kaohsiung 6
高雄

Wichtigster Hafen Taiwans und Hauptstadt des Südens ist Kaohsiung *(Gāoxióng)*, mit 1,5 Mio. Einwohnern die zweitgrößte Metropole des Landes, und eine selbstbewusste dazu. Der Hafen und die Schwerindustrie haben die Stadt geprägt, die Szenerie am Wasser mit den in den Himmel ragenden Kränen der Container-Terminals erinnert an die Elbe und den Hamburger Hafen. Mit der Entwicklung der Insel Cijin auf der anderen Seite des Hafens ist ein beliebtes Strand- und Freizeitparadies entstanden. Im Juli 2009 war die Stadt Austragungsort der World Games.

Prozession und Feuerwerk vor dem Nankunshen-Tempel

Sanfong-Tempel Ⓐ

三鳳宮

Ungefähr 1 km südwestlich des Hauptbahnhofs liegt in einer kleinen Gasse der Sanfong-Tempel *(Sānfènggōng)* von 1672. Das

Echt gut!

Gebäude im Stil der nordchinesischen Palastarchitektur stellt den ersten zweistöckigen Tempelbau Taiwans dar, der seitdem zahlreichen Tempeln im Land als Vorbild gedient hat. Steinlöwen bewachen die Treppe hinauf zur üppigen, mit Steinmetzarbeiten verzierten Fassade. Im Innern wird die unbefangene Vermischung verschiedener Glaubensrichtungen deutlich. Die Eingangshalle dient der Verehrung der von den Schamanen als besonders zuverlässig in der Bekämpfung des Bösen eingeschätzten Gottheit Nocha, der erste Stock dem daoistischen Jadekaiser, während in der hinteren Halle Buddha und Guanyin, der Bodhisatva der Barmherzigkeit, verehrt werden. Zu diesem größten Nocha-Tempel des Landes strömen viele auswärtige Gläubige, sodass der große Vorplatz häufiger Schauplatz von Prozessionen

Ⓐ Sanfong-Tempel
Ⓑ Geschichtsmuseum
Ⓒ Tuntex Sky Tower
Ⓓ Insel Cijin
Ⓔ Ehemaliges britisches Konsulat
Ⓕ Lotussee

ist, besonders im Monat vor dem Geburtstag der Gottheit, dem 9. Tag des 9. Mondmonats (Hebei 2nd Rd. 134, tgl. 5–22 Uhr). In den angrenzenden Gassen und der nördlich gelegenen Sanfong Jhong Rd. **verbreiten zahllose kleine Geschäfte den Duft chinesischer Kräuter.**

cht gut!

Liebesfluss 愛河 und Geschichtsmuseum B 高雄歷史博物館

Der **Liebesfluss** *(Àihé)* ist im Grunde kein Fluss, sondern ein Kanal mit einer attraktiven, von Cafés gesäumten Uferpromenade. Über die Jhongjheng-Brücke gelangt man zum **Museum der Geschichte Kaohsiungs** *(Gāoxióng Lìshǐ Bówùguǎn)* im historischen Rathaus von 1938. Außer der Dauerausstellung zur Stadtgeschichte sind Wechselausstellungen zu Archäologie, Volksbräuchen und zur Naturgeschichte der Region zu sehen (Ⓜ Yanchengpu, Jhongjheng 4th Rd. 272, www.khm.gov.tw, Di–Fr 9–17, Sa u. So 9–21 Uhr, Eintritt frei).

Tuntex Sky Tower C 東帝士 85 國際廣場

An der Chenggong Road erhebt sich eines der Wahrzeichen der Stadt: der 348 m hohe Tuntex Sky Tower *(Dōng Dìshì bāshíwǔ guójì guángchǎng)* mit seiner eigenartigen Konstruktion, bei der der mittlere Turm erst auf halber Höhe beginnt und zwischen den beiden niedrigeren Seitentürmen zu stecken scheint. Er hat 85 Stockwerke und beherbergt das Luxushotel The Splendor (› S. 126). Von der Aussichtsterrasse in der 75. Etage bietet sich ein grandioser Blick über die ganze Stadt, nach Norden auf den Shoushan (»Berg der Langlebigkeit«) und nach Süden über das Hafengebiet hinaus aufs Meer (Ⓜ Sanduo Shopping District, tgl. 8–24 Uhr).

Shopping

Guanghua Nachtmarkt, vom Tuntex Tower in östlicher Richtung, etwas südlich der Kreuzung Sanduo Rd./Guanghua Rd.

Der Hafen 港口 und die Insel Cijin D 旗津

Zwischen dem Kushan Ferry Pier am Hafen *(Gángkǒu)* an der Binhai Road (Ⓜ Sizihwan) und dem neuen Freizeit- und Strandparadies von **Cijin** *(Cíjīn)* pendeln alle paar Minuten Fähren (tgl. 5 bis 2 Uhr, 15 NT). Auf der 10 km langen Insel erwartet Besucher ein Fortbewegungsmittel der Vergangenheit: Fahrradrikschas. Bis in die 1960er-Jahre waren sie überall im Land verbreitet, jetzt sind sie hier wieder in Betrieb.

An der Anlegestelle steht der mit roten Friedenslaternen geschmückte **Mazu-Tempel** 天后宮 *(Tiānhòu gōng)*, der älteste Tempel der Stadt. 1673 fanden Fischer aus der Provinz Fujian hier Zuflucht vor einem Taifun, ließen sich dann mit ihren Angehörigen nieder und errichteten 1691 diesen Tempel.

Nahe dem Strandpark lockt die für Meeresspezialitäten berühmte

Echt gut!

Kolonialarchitektur und Historisches

- Der **Präsidentenpalast** in Taipeh ist das Paradebeispiel der japanischen Kolonialarchitektur. › S. 58
- Eine große Anlage in traditioneller japanischer Holzbauweise ist die **ehemalige Residenz des Bürgermeisters von Taipeh,** heute beherbergt sie ein beliebtes Restaurant und Café. › S. 58
- Das **Lin An Tai Old Homestead** in Taipeh ist eines der schönsten Beispiele für die traditionelle taiwanische Hofbauweise des 19. Jahrhunderts. › S. 64
- Von großer historischer Bedeutung ist das ehemalige **Fort San Domingo** in Danshuei bei Taipeh, das auf eine spanische Gründung im Jahr 1629 zurückgeht. › S. 68
- In der hübsch restaurierten **Old Street von Sansia** kann man die Atmosphäre einer Geschäftsstraße des frühen 20. Jhs. nachempfinden. › S. 79
- Das beeindruckende **Folk Arts Museum Lugang,** die ehemalige Residenz des wohlhabenden Koo-Clans, zeigt besonders schön die Verbindung westlicher und östlicher Architektur. › S. 89
- Mit dem **Fort Zeelandia** in Anping bei Tainan betrat Taiwan unter den Niederländern im 17. Jh. die Bühne der Weltgeschichte. › S. 119
- Von der Terrasse des **ehemaligen britischen Konsulats in Kaohsiung** können Sie bei einer »Cup of tea« die Aussicht über den Hafen und die Straße von Taiwan genießen. › S. 124

Seafood Street 海鮮街 *(Hǎixiān Jiē)*. Der gepflegte Teil des Strandes ist gebührenpflichtig.

An der Nordspitze der Insel wies früher der 1883 von britischen Ingenieuren auf dem Hügel Cihou errichtete **Leuchtturm** der Schifffahrt den sicheren Weg (Di–So 9–16 Uhr).

Ehemaliges britisches Konsulat E
打狗英國領事館

Gegenüber dem Kushan Ferry Pier und strategisch günstig auf einem kleinen Hügel an der Südspitze des Shoushan gelegen, überblickt das ehemalige britische Konsulat *(Dágǒu Yīngguó lǐngshìguǎn)* im typischen Stil der Kolonialarchitektur die nördliche Hafeneinfahrt. Nach dem Vertrag von Tianjin wurde es 1861 als erstes ausländisches Konsulat auf Taiwan eröffnet. Während der japanischen Herrschaft 1895–1945 verließen die Engländer das Konsulat, nach dem Zweiten Weltkrieg wurden die Räumlichkeiten als Wetterstation genutzt. Heute dient es als **Kulturzentrum** und birgt eine Ausstellung zur Stadtgeschichte. Unter den Arkaden des beliebten Ausflugsziels, kann man schön bei einer »cup of tea« den **Sonnenuntergang über dem Hafen und der nördlich gelegenen Bucht Sizihwan** genießen (KRT Sizihwan, Lianhai Rd. 20, Tel. 07-525 0100, tgl. 9 bis 20.30 Uhr, jeder 3. Montag im Monat geschlossen, an den Wochenenden und abends sollte man besser reservieren).

Rund um den Lotussee
F 蓮池潭

Etwa 5 km nördlich des Stadtzentrums, am Südende des Lotussees in der Shengli Rd. (M Zuoying), steht der besterhaltene Teil der alten **Stadtmauer von Fongshan,** die nach dem Jhu-Yiguei-Aufstand 1722 errichtet wurde. Das Nordtor ist mit seiner vollständigen Anlage erhalten. Einzigartig für Stadttore in Taiwan sind die großen Wächterfiguren zu beiden Seiten des Tores, meisterhafte Reliefarbeiten auf der Tormauer.

Nur wenige Meter sind es von hier zum Lotussee *(Liánchí tán)*, dem von Tempeln, Pagoden und Pavillons gesäumten größten Gewässer im Stadtgebiet. Neben der gewaltigen **Statue des Himmelsgottes** sowie dem **Frühlings- und Herbstpavillon** 春秋閣 *(Chūnqiū gé)* sind die siebenstufigen **Drachen- und Tiger-Zwillingspagoden** 龍虎塔 *(Lónghútǎ)* besonders auffällig, von deren Obergeschoss man einen schönen Ausblick über den See hat. Es soll Glück bringen, über die Geister abwehrende Zickzackbrücke zu gehen, zuerst die Drachenpagode zu betreten und dann den Ausgang der Tigerpagode zu wählen. Wandgemälde im Innern lehren den Betrachter, die Tugenden des Gehorsams und der Pietät gegenüber Höherstehenden zu achten. Am Wochenende kann der Park überlaufen sein, aber vielleicht macht es dann gerade Spaß, die Einheimischen beim Familienausflug zu beobachten.

Konfuziustempel
孔子廟

Am Nordende des Sees erstreckt sich der größte Konfuziustempel Taiwans *(Kóngzǐmiào)*. Da von der alten Weihestätte lediglich der kleine Chongsheng-Schrein auf dem Gelände der Chiu-Cheng-

Die riesenhafte Statue des Himmelsgottes am Lotussee

Glockenspiel zu Ehren Konfuzius'

Grundschule erhalten ist (südl. Ende Liantan Rd.), errichtete man 1976 diese neue Anlage. Die geschwungenen, goldfarbenen Ziegeldächer und roten Säulen weisen auf den nordchinesischen Palaststil hin. Die Tempelanlage ist dem Vorbild in Qufu (VR China), dem Geburtsort Konfuzius', nachempfunden. Sie strahlt eine erhabene Ruhe gegenüber dem Lärm der umliegenden Märkte aus. Auch hier finden am Geburtstag des Meisters (28. Sept.) prächtige Prozessionen zu seinen Ehren statt (HSR/Ⓜ Zuoying, Liantan Rd. 400, Di–So 9–17 Uhr, mit Erläuterungen auf Englisch).

Chaishan 柴山

Auf dem Chaishan-Hügel *(Cháishān)* am nordwestlichen Stadtrand kann man inmitten üppiger Vegetation eine riesige Population von Formosa-Makaken in freier Wildbahn erleben. Zudem sind schöne Exemplare von Schmetterlingen zu bestaunen (Taxi ca. 20 Min., 200 NT; Gushan 3rd Rd., Lane 51, links am Tempel vorbei, schmaler Fußweg nach oben).

Info

Visitor Information Center
http://khh.travel/en/
Im **Flughafen, Tel. 07-801 9206,** tgl. 9–21 Uhr, **HSR-Bhf. Zuoying, Tel. 07-588-0768, tgl. 8.30-20.30 Uhr,** außerdem **Hauptbahnhof, Cijin-Fähranleger, Liebesfluss** (Ecke He E.Rd./Minsheng 2nd Rd.), Ⓜ **Formosa Blvd.** (Ausg.3), **Lotussee** (bei Drachen-Tiger-Pagode).

Hotels

Ambassador
Minsheng 2nd Rd. 202
Tel. 07-211 5211
www.ambassadorhotel.com.tw
Luxuriöses Hotel mit Aussicht auf Liebesfluss und Hafen. Kantonesische, Szechuan- und westliche Küche. ●●●

Grand Hi-Lai Hotel
Chenggong 1st Rd. 266
Tel. 07-216 1766
www.grand-hilai.com.tw
Luxushotel in Hafennähe mit 13 westlichen und asiatischen Restaurants und Cafés, Kaufhaus und Konferenzzentrum. ●●●

The Splendor
Zihciang 3rd Rd. 1, 37–85 F
Tel. 07-566 8000
www.thesplendor-khh.com
Das Top-Hotel im Tuntex Sky Tower, grandioser Blick aus luxuriösen Zimmern über Hafen und Stadt. Exklusiver

Fitnessclub, 8 westliche und asiatische Restaurants, Cafés und Bars. ●●●

■ **Katherine Plaza**
Wenwu 3rd St. 145
Tel. 07-215 2158
kp_marketl@hotmail.com
Angenehmes, günstiges Business-Hotel nahe dem Zentrum mit Restaurant. ●●

■ **Kingship**
Cisian 3rd Rd. 98][Tel. 07-531 3131
www.kingship.com.tw
Gutes Mittelklassehotel in der Nähe des Liebesflusses mit Restaurant. ●●

Restaurants

■ **Queen of Seafood**
Sanduo 3rd Rd. 214
Ⓜ Sanduo Shopping District
Tel. 07-335 3606
Exquisite lokale Seafood-Küche. Tgl. 11.30–2, 17.30–21 Uhr. ●●●

■ **Shanghai Nongtang**
Wufu 4th Rd. 117][Ⓜ Yanchengpu
Tel. 07-311 2665
Restaurant im Shanghaier Stil der 1930er-Jahre, taiwanische und Shanghai-Küche. Mo–Fr 11–14, 17.30–2, Sa,So, Fei 11–2 Uhr. ●●●

■ **Foguang Vegetarian Restaurant (Foguang Sushih)**
Fusing 1st Rd. 77
Ⓜ Sinyi Elementary School
Tel. 07-238 1314
Gute Adresse für vegetarische Küche. Tgl. 10–14, 17–21 Uhr. ●●

■ **Lai Lai Tankao Haisian**
Zihciang 3rd Rd. 68-2
Ⓜ Sanduo Shopping District
Tel. 07-338 2588
Leckere Meeresfrüchte vom Holzkohlegrill. Tgl. 11–2, 17–24 Uhr. ●●

■ **Smokey Joe's**
Zihyou 2nd Rd. 318
Ⓜ Kaohsiung Arena
Tel. 07-557 8655
Interessanter Mix aus Tex-Mex- und chinesischer Küche. Tgl. 11–1 Uhr. ●●

■ Auf dem **Liouhe-Nachtmarkt** in der **Liouhe 2nd Rd.** (Ⓜ Formosa Blvd.) kann man bis zum Morgen einkaufen oder Meeresfrüchte und Spezialitäten aus den Bergen genießen.

Shopping

■ **Dream Mall**
Jhonghua 5th Rd. 789
Riesiges Einkaufszentrum südlich des Zentrums u.a. mit Souvenirladen des Palastmuseums Taipeh. Mo–Do 11–22, Fr, Sa, So bis 22.30 Uhr.

■ **Shin Kong Mitsukoshi** und **Sogo**
Sanduo 3rd Rd. 213 bzw. 217
Japanisch-taiwanische Kaufhäuser.

■ **Alte Bambusstraße** 老竹街 *(Lǎo Zhújiē)*
am Ende der Wufu 4th Rd.
Hier findet man Haushaltswaren aus Bambus, Flechtwaren und Krimskrams.

■ **Jademarkt**
Shihcyuan Rd., Ecke Zihli Rd.
Am nördlichen Stadtrand. Hunderte Stände mit Schmuck, Jadefiguren und Antiquitäten. Mi, Do, So 9–15 Uhr.

Nightlife

■ **Dreams Club**
Nantian St. 125
Ⓜ Sanduo Shopping District
Tel. 07-953 8282
Hinter dem Kaufhaus SOGO. Disco mit großem Dancefloor. Mi–Mo 22–4 Uhr.

■ **The Lighthouse**
Fuguo Rd. 239
Ⓜ Kaohsiung Arena
Tel. 07-559 2614
Pub mit westlicher und chinesischer Küche, Sport-TV. Tgl. 17.30–3.30, Fr/Sa bis 4.30 Uhr.

■ **Kneipenviertel** am Anfang der **Wufu 4th Rd.** im Yancheng-Bezirk (Ⓜ Yanchengpu).

11 Foguangshan

7 佛光山

Der »Berg des Buddhaglanzes« *(Fóguāngshān)* ist das größte und reichste buddhistische Zentrum des Landes. Bei der Zufahrt an Obstplantagen vorbei funkelt schon von Weitem die 36 m hohe vergoldete **Buddhastatue** des 1967 gegründeten Klosters. Seitdem hat es sich zu einem geschäftigen Komplex mit Meditationszentren und Universität entwickelt, zu dem über 1300 Mönche und Nonnen gehören.

Großer Buddha im Kloster Foguangshan

Von der großen Buddhastatue aus bietet sich ein wunderschöner Blick über die weite Ebene und den ruhig dahinströmenden Gaoping-Fluss. Ein Spaziergang durch die ausgedehnte Parkanlage führt an ihrem Südrand zur **Höhle der reinen Erde** (淨土洞窟 *(Jìngtǔdòngkū,* »reine Erde« steht für das buddhistische Utopia), ein kitschiges buddhistisches Disneyland-Edutainment mit blinkenden und sich bewegenden Statuen und Lotusblüten. In nördlicher Richtung schließt sich das große **Pilgrim Parlor** 朝山會館 *(Cháoshān Huìguǎn)* an, mit Schlafräumen und einem Restaurant mit ausgezeichneter vegetarischer Küche (12–14 und 18–19 Uhr). Dahinter gelangt man über den riesigen Vorplatz zur **Haupthalle** 大雄寶殿 *(Dàxióng bǎodiàn)*, einer buddhistischen Kathedrale im chinesischen Palaststil. In der Mitte thront Sakyamuni, der historische Buddha, flankiert vom Medizinbuddha Bhaisajaguru zu seiner Linken und dem Buddha des grenzenlosen Lichts, Amitabha, zu seiner Rechten. Zu den Morgen- und Abendgebeten versammeln sich regelmäßig bis zu 1000 Menschen. Besichtigung tgl. 8.30–17.30 Uhr (Tel. 07-656 1921, www.fgs.org.tw).

Verkehr

Foguangshan liegt eine halbe Autostunde nordöstlich von Kaohsiung bei Dashu (**Busse** von der **HSR-Station**

Zuoying oder vom Busbhf. **Kaohsiung**). Für englische und deutsche Führungen vorher anmelden. Es gibt auch mehrtägige Einführungen in den Buddhismus (mit Übernachtung).

Meinong 8 美濃

Über Cishan und Ciwei gelangt man nach Meinong (*Měinóng*, 40 000 Einw.), in dessen Umgebung seit 1736 Hakka siedeln. Meinong ist ein Muss für Liebhaber alter Volkskunst, aber auch Naturfreunde kommen hier auf ihre Kosten. Die Stadt ist berühmt für handgefertigte Sonnenschirme, Töpferwaren und die farbenfrohe Tracht der Hakka.

Rund um die Gassen zwischen der Jhongshan und der Yongan Road gibt es zahlreiche Geschäfte und Handwerksbetriebe. Die Läden in der Jhongshan Road 339 und 362 (Richtung Cishan) bieten kleinere Schirme ab 400 NT und größere ab 1200 NT an. Beliebte Motive sind Drachen, Vögel, Blumen oder mythische Figuren. Handgeschneiderte Hakka-Tracht gibt es im alten Laden des Herrn Sieh in der Yongan Road 177.

Im **Meinong Folk Village** (美濃民俗村 *Měinóng mínsú cūn)* wurden traditionelle Hakka-Häuser mit Restaurants für lokale Spezialitäten und Handwerksbetriebe an einem Ort konzentriert. Hier kann man **Kunsthandwerkern bei der Arbeit zusehen und Produkte vor Ort erwerben** (Jhongshan Rd., Sec. 2, Lane 421, No. 80; tgl. 8–17.30, Sa u. So bis 18 Uhr).

Echt gut!

Auch im **Yuan Siang Yuan Cultural Village** gibt es Papierschirme und einheimische Küche (Jhongsing Rd., Sec. 1, 147, tgl. 8–17.30, Sa u. So bis 18 bzw. im Frühjahr/Sommer 18.30 Uhr). Etwa 1 km vom Zentrum entfernt zeigt in der Minzu Rd. 49-3 das **Meinong Hakka Museum** Gerätschaften, Trachten und Musikinstrumente der Hakka (Di–Fr 9–16.30, Sa/So 9–17 Uhr).

Hotels

■ **Renzih Shanjhuang**
Mincyuan Rd., 66-5
Tel. 07-682 2159
renzjivillage@yahoo.com.tw
Angenehme Pension im Grünen nordöstlich des Zentrums. ●●

■ **Shuangfeng Minsu**
Shuangfong St., 8-20
Tel. 07-682 0839
chengthunder@hotmail.com
Schlichte, aber ordentliche und preisgünstige Pension nördlich des Zentrums. ●

Restaurant

Hakka Restaurant Meinong
Jhongshan Rd., Sec. 1, 362-5
Tel. 07-681 1156
Rustikales Restaurant mit Hakka-Spezialitäten: mit Erdnüssen und Sesam vermischter und gestampfter Tee *(léichá)*, breite Nudeln *(bǎntiáo)* aus Yamswurzelmehl, Kuchen aus Klebreis, u.a. Tgl. außer Do 9–14, 17–20.30 Uhr (Sa u. So durchgehend). ●●

Echt gut!

Aktivitäten

Nahe beim Hakka-Museum kann man in der Minzu Rd. 49-2 Fahrräder mieten und schöne Touren in die Berge oder über die Felder entlang der K 184 Richtung Liouguei unternehmen, vorbei an Tabakfarmen und traditionellen Höfen.

Ausflug ins Hinterland

Die K 184 und P 27 führen in die **Maolin National Scenic Area,** die Heimat des Volks der **Rukai** mit ursprünglichen Berglandschaften, spektakulären Hängebrücken und Wasserfällen.

Weiter nördlich über die P 20 bei **Baolai** lockt von Mai bis Oktober eine **Rafting-Tour:** auf dem Laonong-Fluss saust man die 12,5 km lange Strecke bis **Sinfa** über Stromschnellen hinab.

Nordöstlich von Liouguei taucht man in die ursprüngliche Welt des Waldschutzgebiets von **Tengjhih** ein mit uralten Zedern und über 50 Vogelarten (Abzweigung bei Km 9 der P 27 Richtung Tengjhih, von dort etwa 20 km, Zutritt von 8–17 Uhr, 120 NT oder Übernachtung).

Die P 27 führt rund 20 km südlich über die K 132 nach **Maolin** 茂林 (Màolín, 2000 Einw.). Im Park von Maolin sammeln sich von November bis Marz Schwärme von violetten Schmetterlingen der Art Euploeini, die aus dem Norden kommen und hier überwintern.

Wenn man der Straße weiter in die Berge folgt, gelangt man zum Dorf **Duona** der Rukai, wo man noch das wahre Alltagsleben beobachten kann.

Die Zugänglichkeit zu diesen Zielen ist nicht immer gewährleistet, am besten erkundigen Sie sich vorher bei der Parkverwaltung: www.maolin-nsa.gov.tw, Tel. 08-799 2221.

Hotels

Corner26
Baolai Lane 2, 18-26
Baolai Village][Liouguei Township
Tel. 07-688 2680
no26corner@yahoo.com.tw
Kurz vor dem South Cross Island Highway kann man hier in **thailändisch angehauchtem Ambiente so richtig ausspannen.** ●●

Echt gut

Tengjhih Villa
Baoshan Lane 150][Baoshan Village
Taoyuan Township
Tel. 07-689 5123][Fax 689 5120
Mitten in der Forest Recreation Area. Einfache, aber einzige empfehlenswerte Unterkunft in dieser Gegend. ●

Aktivitäten

Baomei-Rafting
Baolai][Km 80 auf der P 20
Tel. 07-688 2580
Ein Veranstalter von Rafting-Touren; Start an der Brücke Nr. 1 von Baolai, ca. 800 NT.

Donggang 9 東港

Der Fischereihafen von Donggang (*Dōnggǎng,* 50 000 Einw.) ist in ganz Taiwan bekannt für die Qualität seiner Fisch- und Meeresfrüchtespezialitäten. Von April bis Juni wird hier das Thunfisch-Festival zu Ehren des zum Luxusgut avancierten Blauflossenthunfischs abgehalten. Er gilt als bester Roh-

Auf dem Fischmarkt von Donggang wird der Fang des Tages feilgeboten

stoff für die nach japanischer Art zubereiteten Sashimi. Besucher schätzen hier aber auch die zarten Kirschblüten-Shrimps sowie die Eier vom Ölfisch. Ein besonderes Erlebnis ist sicherlich der Spaziergang über den **Donggang-Fischmarkt,** auf dem ab 14 Uhr die lautstarken Fischauktionen abgehalten werden (Sinsheng 3rd Rd. 175, tgl. außer Fr 9.30 Uhr bis nachmittags). Auf dem benachbarten **Huaciao-Markt** kann man nachmittags den frischen Fang in Form leckerer Snacks probieren. Die besten Restaurants für Meeresspezialitäten findet man in der Guangfu Road, die daher Seafood Street genannt wird.

Der außergewöhnlich prächtige Donglong-Tempel 東隆宮 (*Dōnglóng gōng,* Donglong Rd. 21-1) mit dem nicht zu übersehenden goldenen Torbogen ist Zentrum des Kults um den König Wen, Schutzgottheit gegen Krankheiten und Katastrophen. Ihm zu Ehren findet alle drei Jahre das eine Woche dauernde **Boat Burning Festival** statt (nächstes Mal im Okt./Nov. 2015)

Hotel

Tapeng Bay Holiday Hotel

Jhongshan Rd. 59][Donggang
Tel. 08-835 3222][tpb@tpb.com.tw
Große 2- bis 6-Bett-Zimmer, z.T. DSL-Anschluss. Das Restaurant serviert guten Fisch und Meeresfrüchte. Verleih von Fahrrädern und Elektromofas. ●●

Restaurants

Jhang Seafood Restaurant

Guangfu Rd., Sec. 2, 65–1
Tel. 08-833 7251
Berühmtes, **modern eingerichtetes Seafood-Restaurant mit japanisch angehauchter Küche.** Echt gut! Spezialitäten sind Sashimi vom Blauflossenthunfisch (bis 3500 NT/Pfund!), Schwertfisch und Tintenfisch.
Tgl. 11.30 –14.30, 17.30–21 Uhr. ●●●

■ **Tongsheng Seafood Restaurant**
Guangfu Rd., Sec. 2, 66
Tel. 08-832 3112
Beliebt bei Einheimischen wegen großen Portionen und günstigen Preisen. Tgl. 11–14.30 Uhr und 17–21 Uhr. ●●

Ausflug zur Insel Lioucioú 10 小琉球

Die Insel Lioucioú *(Xiǎo Liúqiú)* ist Teil des Dapeng-Schutzgebietes und von Donggang per Fähre zu erreichen (25–30 Min., 12x am Tag). Die Koralleninsel bietet schöne Sandstrände im Nordosten und Südwesten, dazu attraktive Surf- und Tauchmöglichkeiten (Infos unter liuqiu.pthg.gov.tw).

Checheng 11 車城

Über **Linbian** (23 000 Einw.), die »Hauptstadt des Wachsapfels«, geht es an der Küste nach Checheng (*Chēchéng*, 11 000 Einw.). Hauptattraktion ist das **National Museum of Marine Biology and Aquarium** 海洋生物博物館 *(Hǎiyáng Shēngwù Bówùguǎn)*, 6 km südwestlich des Orts, das als größtes Aquarium Südostasiens gilt. Von einem 80 m langen Glastunnel aus können Besucher das Leben in den Korallenriffen mit der Vielfalt tropischer Fische rund um ein Schiffswrack beobachten. Weitere Bereiche zeigen die Tierwelt in den Flüssen Taiwans und in den Ozeanen. Besonders interessant wird es am Nachmittag um 16.30 Uhr, wenn Taucher die Zitterrochen, Riesenschildkröten und Haie füttern (Checheng, Houwan Rd. 2, Mo–Fr 9–18 Uhr (Dez.–März bis 17 Uhr), Sa u. So 8–18 Uhr (Dez.–März 9–17 Uhr), Juli u. August: 8–18 Uhr, Tickets bis 1 Std. vor Schluss, 450 NT, Kinder 250 NT, Kinder unter 115 cm frei, www.nmmba.gov.tw).

Nur 5 km nordöstlich von Checheng liegen die **heißen Quellen von Sihchongsi,** s.a. › S.75.

Hengchun 12 恆春

Rund 10 km südlich von Checheng liegt die Stadt Hengchun (*Héngchūn*, 31 000 Einw.), die mit ihrem Namen »Ewiger Frühling« ein Vorbote der tropischen Inselspitze ist. Sie ist die einzige Stadt Taiwans, in der noch alle alten Stadttore zu sehen sind. Vom begehbaren Osttor kann man auf der Stadtmauer bis zum Nordtor wandern mit schönen Ausblicken über die ganze Stadt.

12 **Nationalpark Kending 墾丁國家公園

Das Tropenparadies des Landes zieht mit seiner entspannten Atmosphäre, tiefblauem Wasser, weißen Stränden und zerklüfteten Korallenfelsen das ganze Jahr über Badegäste an. Entsprechend lebhaft geht es abends in dem Strandort **Kending** 13 墾丁 *(Kěndīng)* rund um die Kending Road zu, wo etliche Bars, Discos und Restaurants mit einem interessanten Mix lokaler, südostasiatischer, mexikanischer und mediterraner Küche um Gäste buhlen. Und im Hinterland locken tropische Vegetation und der nahe 318 m hohe **Dajianshishan** mit einem super Blick über die Küste.

Badespaß bieten die Strände von **Nanwan** und **Siaowan** sowie Abschnitte zwischen Kending und dem Südkap. Die von Korallen geprägte Küste gilt als bestes Tauch- und Surfrevier Taiwans, entsprechend viele Wassersportläden gibt es. Das Youth Activity Center vermietet Fahrräder.

Im Landesinnern liegt die **Kending Forest Recreation Area. Die Japaner legten hier einen tropischen Garten an,** in dem einheimische und tropische Pflanzen gedeihen. Im nahe gelegenen **Sheding Nature Park** führen Spazierwege durch die von Tälern und Höhlen geprägte Landschaft, die sich durch vom Wind geformte bizarre Gewächse und Ausblicke über die Küste auszeichnet.

Eine Fahrt zum Südkap führt am markanten **Segelfelsen** vorbei, dessen Umgebung als gutes Tauchrevier gilt. Der Leuchtturm am **Kap Eluanbi** **14** 鵝鑾鼻 *(Éluánbí)* markiert die Südspitze Taiwans mit Blick über die Straße von Bashi. Die Ostküste ist fast unbesiedelt und bietet spektakuläre Ausblicke über den Pazifik.

Die Küstenstraße führt an Stränden, Weiden und bis zu 60 m hohen Korallenklippen entlang, bis sie sich hinter einer Brücke gabelt. 2 km östlich davon erreicht man die bizarren Felsformationen von **Jialeshuei,** ein weiteres beliebtes Surfrevier. Das Gelände ist von 7-17 Uhr zugänglich, Tourwagen führen an den markanten Felsen vorbei.

Info

Der **TourTaiwan Bus Kending Express** fährt von der HSR-Station Zuoying von 9–19 Uhr alle 30 Min. in 2 Std. nach Kending (Rückfahrkarte 650 NT).

Strand im Nationalpark Kending

Betelnussgirl im Süden Taiwans

National Park Visitors Center
Kending Rd. 596
Tel. 08-886 1321
www.ktnp.gov.tw
2 km westlich von Kending, mit englischem Service und Infomaterial, tgl. 8–17 Uhr.

Hotels

■ **Caesar Park Kending**
Kending Rd. 6][Tel. 08-886 1888
www.caesarpark.com.tw
245 geräumige und ausgesprchen geschmackvoll eingerichtete Zimmer oder Villas mit Meer- oder Bergblick; Läden, Fitnessangebote, Außenpool, Konferenzsäle, westliches und chinesisches Restaurant, BBQ und Biergarten. ●●●

■ **Chateau Beach Resort**
Kending Rd. 451
Tel. 08-886 2345
www.ktchateau.com.tw
Schönes Resort im mediterranen Stil mit 200 Zimmern. Fitnesscenter, Spa und Privatstrand. Lokale, japanische und mediterrane Küche, BBQ, Bars. ●●●

■ **Uni-Resort Kenting**
Eluan Rd. 230][Tel. 08-885 1078
unikenting.hotel.com.tw/eng
Familienfreundliche Anlage nahe am Kap Eluanbi. ●●

Betelnut Beauties

Betelnüsse gehören besonders im Süden Taiwans zur Alltagskultur. Ob in Städten oder auf dem Land, an vielen Ecken sitzen leicht bekleidete Mädchen in Glasbuden mit blinkenden Neonreklamen, bereiten die Nüsse vor und verpacken sie. Angeblich kaut jeder zehnte Taiwaner regelmäßig die bitter schmeckenden Nüsse, die eine die Verdauung fördernde und leicht berauschende Wirkung haben, wenn sie mit der roten Kräuterpaste und Kalk zubereitet werden. Das lange Herumkauen auf der immer weicher werdenden Masse führt zu vermehrtem Fluss von Speichel, den man im hohen Bogen ausspuckt und so einen roten Fleck auf dem Boden hinterlässt. Die Behörden versuchen, dagegen zu steuern und machen darauf aufmerksam, dass der Genuss auf die Dauer zu Karies und Mundkrebs führt. Die schlanke, schnell wachsende Betelnuss-Palme mit ihrem kleinen Wurzelwerk trägt zudem zu verstärkter Bodenerosion bei.
In dem 2001 auf der Berlinale preisgekrönten Film »Betelnut Beauty« setzte Regisseur Lin Cheng-sheng den Betelnussgirls ein filmisches Denkmal.

■ **Fudog Surf**
Nanwan Rd. 222
Tel. 08-889 7141
fudogsurfhostel.com
Kleines, privates Hostel mit 2- und 4-Bett-Zimmern und Frühstück. Der Inhaber Sammy Hawkins verleiht Surfausrüstung und gibt Unterricht. ●●

■ **Kending Youth Activity Center**
Kending Rd. 17][Tel. 08-886 1221
http://kenting.cyh.org.tw/eng/
Schöne dorfartige Anlage im Fujian-Stil mit 2- bis 4-Bett-Zimmern in Häusern, die um Innenhöfe gruppiert sind. ●●

Restaurants

■ **Bossa Nova Café**
Nanwan Rd. 100][Tel. 08-889 7137
Bei herrlicher Aussicht über die Bucht serviert man chinesische und Thai-Küche. Tgl. außer Di 11.30–21.30 Uhr. ●●

■ **Jiajhen Huo Haisian**
Kending Rd. 203][Tel. 08-886 1017
Bekanntes Fischrestaurant mit täglich frischer Ware aus Donggang. Spezialität: Hummer. Tgl. 9.30–14.30, 17–22, Sommerferien bis 24 Uhr. ●●

■ **Mambo**
Kending Rd. 46][Tel. 08-886 2878
Thai-Küche, große Auswahl an Fisch und Meeresfrüchten. tgl. 11–14.30, 17–22.30 Uhr. ●●

■ Im **Fischereihafen Houbihu** westlich von Kending gibt es ab 16 Uhr im Markt günstig Sashimi. ●●

Nightlife

■ **97 Golden Beach Mexican Restaurant**
Kending Rd. 223–229
Tel. 08-886 2666
Mexikanische und Thai-Küche mit Disco, tgl. 8–2 Uhr, tgl. Shows, DJ oder Live-Musik ab 20.30 Uhr.

■ **Menghuan Kending Disco & Live Pub (Illusion)**
Kending Rd. 888][Tel. 0930-257 577
Open-Air-Disco mit BBQ. Fr–So 18 bis 2 Uhr, in den Sommermonaten tägl.

■ **Ocean Blue**
Kending Rd. 111][Tel. 08-886 2600
Beliebte Bar im mediterranen Stil mit einer guten Auswahl an Thai-Gerichten. Tgl. 10–22/23 Uhr.

Taitung 15 台東

Taitung (auch 臺東, *Táidōng*, 117 000 Einw.) im Südosten, bietet außer einer von der Kultur der Ureinwohner geprägten Atmosphäre archäologische Attraktionen und heiße Quellen. Wer noch etwas mehr Zeit hat, kann von Taitung einen Ausflug zu den vorgelagerten Inseln (Grüne Insel oder Orchideeninsel › S. 137) unternehmen.

Hotel

Naruwan Hotel
Lianhang Rd. 66][Tel. 089-239 666
www.naruwan-hotel.com.tw
Ureinwohner-Figuren begrüßen in der Lobby aus dem Kanu die Gäste. Im Stil der Ureinwohner sind auch die Zimmer eingerichtet. Mit Restaurants, einem Spa im Freien und Tanzaufführungen. ●●●

Restaurants

■ **Jinfang Bingcheng**
Jhengci Rd. 358][Tel. 089-328 023
Die Adresse für leckere Früchte-Milchshakes und traditionelle Eisspezialitäten aus Bohnen, Erdnüssen u.a. Tgl. 9–22/23 Uhr (um Chinesisch-Neujahr ca. 1 Monat geschl.). ●

■ **Su Tian Jhu**
Baosang Rd. 195][Tel. 089-323 672
Bekanntes vegetarisches Nudel-Restaurant, das kiloweise Bambussprossen verarbeitet. Tgl. außer Mi 16.30–24 Uhr. ●

Shopping

In **Taitung** und **Beinan** (s.u.) werden in kleinen Läden kunstgewerbliche Souvenirs der Ureinwohner zum Kauf angeboten.

Beinan 16 卑南

Wichtigste Sehenswürdigkeit in Beinan *(Bēinán)* nahe Taitung ist die bedeutende archäologische Stätte des **Beinan Cultural Park.** Das Besucherzentrum stellt Funde der 5300 Jahre alten Beinan-Kultur aus. Die schönsten Exponate sind exquisite Jadeobjekte (Cultural Park Rd. 200, Tel. 089-233 466, Di–So 9–17 Uhr, www.nmp.gov.tw).

Das **National Museum of Prehistory** westlich der Stadt in der Nähe des Kangle-Bahnhofs dokumentiert auf anschauliche Weise die Ausgrabungen von Beinan und andere Zeugnisse der prähistorischen Besiedlung Taiwans aus den Regionen Tainan und der Penghu-Inseln (Museum Rd. 1, Tel. 089-381 166, www.nmp.gov.tw, Di–So 9–17 Uhr).

Restaurants

■ **Wangyuan Teehaus**
Lijia Rd.][Lane 689, 19
Lijia Village][Tel. 089-383 746
Teehaus im Grünen unweit des Museums mit Gerichten aus der Küche der Ureinwohner und Garten mit schönem Ausblick auf Taitung. Tgl. 17–3 Uhr. ●●

■ **Yuanshih Buluo Shandi Meishih**
Lijia Rd.][Lane 689, 19
Lijia Village][Tel. 089-380 473
Rustikale Ureinwohnerküche mit Berghuhn, Wildschwein, Hirsewein u.a. Tgl. 15–23 Uhr. ●●

Jhihben 17 知本

Rund 20 km südlich von Taitung liegen die heißen Quellen von Jhihben *(Zhīběn)*, einem der ältesten und bekanntesten Badeorte des Landes. Wer sich allerdings in dem milden und geruchlosen Natriumbikarbonat-Wasser Badefreuden hingeben möchte, muss eines der Hotels am Ort aufsuchen.

Außer den Bädern hat Jhihben eine schöne natürliche Umgebung zu bieten. Am Anfang der Hauptstraße Longcyuan Road führt ein Weg durch ein Seitental zum nur wenige hundert Meter entfernten **Weiße-Jade-Wasserfall.** Am Ende der Straße beginnt nach der Brücke die **Forest Recreation Area,** ein schönes Waldgebiet mit Wanderwegen, Flüssen und weiteren Wasserfällen.

Hotels

■ **Royal Chih-pen**
Longcyuan Rd.][Lane 113, 23
Beinan Township][Tel. 089-510 666
www.hotel-royal-chihpen.com.tw
Bestes Haus am Ort; 183 individuelle Zimmer, **Bademöglichkeiten drinnen und im Freien.** Chinesische, japanische und westliche Küche. ●●● Echt gut

■ **Dong Tair**
Longcyuan Rd. 147
Beinan Township][Tel. 089-512 918
s512621@ms43.hinet.net
Beliebtes, gehobenes Hotel mit angenehmen Zimmern, sehr gutem Spa und ausgezeichneter lokaler Küche. ●●

Inseln vor Taitung

Die ***Grüne Insel** **18** 綠島 *(Lǜdǎo)* lockt mit ihrer üppigen Vegetation und Taiwans einzigen heißen Salzwasserquellen (s. Special »Heiße Quellen« › S. 74f.) sowie weiteren Bade- und Tauchmöglichkeiten › S. 23. Die frühere Gefangeneninsel beherbergt auch einen Gedächtnispark für Menschenrechte. Eine Ausstellung mit Infomaterial auf Englisch vermittelt einen Eindruck von der Zeit politischer Verfolgung (Human Rights Memorial Park am Nordrand der Insel, tgl. 8–17.30 Uhr).

Auf der ***Orchideeninsel** **19** 蘭嶼 *(Lányǔ)* lebt das nur 3000 Menschen umfassende Volk der **Tao,** die erst nach 1945 in Kontakt mit der modernen Zivilisation kamen. Ihr ganzer Stolz sind ihre kunstvoll geschnitzten und bemalten Fischerboote, deren Stapellauf in der Regel Anlass für ein großes und ausgelassenes Fest ist. Im Frühjahr findet jedes Jahr das Flying Fish Festival statt, wenn ganze Schwärme von fliegenden Fischen die Insel passieren. Sie gehören neben Süßkartoffeln und Taro zu den wichtigsten Nahrungsmitteln der Tao.

Auf der Grünen Insel

Verkehr

■ Vom **Taitung Airport, Minhang Rd. 1100, Taitung, Tel. 089-362 530, www.tta.gov.tw.** Tgl. 3x zur Grünen Insel (ca. 15 Min., 1000 NT), 6x zur Orchideeninsel (ca. ½ Std., 1300 NT). Im Sommer möglichst früh buchen.

■ **Fähre** i.d.R. 5x tgl. vom **Hafen Fugang** (10 km nördlich von Taitung), 460 NT pro Strecke. 50 Min. bis zur Grünen Insel, 1100 NT, 3 Std. zur Orchideeninsel (via Grüne Insel). Die Überfahrt kann ziemlich rau sein.

Hotels

■ **Grüne Insel:** Der Tauchanbieter **Green Island Adventures** › S. 23 betreibt auf der Grünen Insel auch ein Gästehaus (●●). Das **Shang Far Hotel, Nanliao Village 146, Tel. 089-672 552, echo7465@yahoo.com.tw,** hat geräumige Zimmer, einige davon mit Meerblick. Vorreservierung (mit Dolmetscher) empfohlen. ●●

■ **Orchideeninsel:** Im **Lanyu Hotel, Hongtou Village 3, Tel. 0972-173 916, lanyuhotel3@yahoo.com.tw,** gibt es 2- und Mehrbettzimmer und einen Schlafsaal, von der schönen Dachterrasse hat man Meerblick. ●

Infos von A–Z

Ärztliche Versorgung

Die ärztliche Versorgung entspricht weitgehend westlichem Standard. In Krankenhäusern muss bar bezahlt werden; Privatkliniken akzeptieren Kreditkarten. Zur Abrechnung mit der Versicherung zu Hause eine Rechnung auf Englisch ausstellen lassen. In Taipeh ist das **Taiwan Adventist Hospital** mit 24-Std.-Notfallaufnahme empfehlenswert (Bade Rd., Sec. 2, 424, Tel. 02-2771 8151). Infos: www.communitycenter.org.tw, unter »Emergency Contacts«.

Behinderte

Hauptbahnhof und U-Bahn-Stationen in Taipeh verfügen über Rampen, Aufzüge zu den Bahnsteigen und behindertengerechte Toiletten, während der Hauptverkehrszeiten herrscht jedoch häufig Gedränge. Öffentliche Gebäude sind ebenfalls meist behindertengerecht, neuere Bürogebäude und Wohnblocks haben zumindest Aufzüge. An Kreuzungen sind die hohen Randsteine abgeflacht, dies gilt in Taipeh auch zunehmend für die unterschiedlichen Bodenhöhen der überdachten Gehwege.

Diplomatische Vertretungen

Wegen fehlender diplomatischer Beziehungen nehmen sogenannte Kultur- und Wirtschaftsbüros weltweit konsularische Aufgaben wahr:

- **Taipeh Vertretung**
  www.taiwanembassy.org/de
  in Berlin, Hamburg, Frankfurt und München
- **Taipei Wirtschafts- und Kulturbüro**
  www.taiwanembassy.org/at
  in Wien
- **Délégation Culturelle et Economique de Taipei**
  www.taiwanembassy.org/ch
  in Bern und Genf

Die europäischen Quasi-Botschaften in Taiwan sind:

- **Deutsches Institut Taipei**
  Xinyi Rd., Sec.5, No. 7, 33 F
  11049 Taipei
  Tel. 02-8722-2800, Fax 8101-6282,
  www.taipeh.diplo.de
- **Österreich Büro Taipei**
  Dunhua N. Rd. 167, 10 F, 10549 Taipei
  Tel. 02-8175-3283, Fax 2514 9980
  www.bmeia.gv.at/taipeh
- **Trade Office of Swiss Industries**
  Keelung Rd., Sec. 1, No. 333, 31 F
  Rm 3101, 11012 Taipei
  Tel. 02-2720 1001, Fax 2757 6984
  www.swiss.org.tw

Einladungen

Einladungen sollte man zunächst mit Hinweis auf die Umstände für den Gastgeber höflich ablehnen. Wird darauf bestanden, ist die Einladung ernst gemeint. Geschenke, besonders europäische, sind willkommen, aber kein Muss. Auf keinen Fall sollte man Uhren (Gleichklang mit chinesisch »Tod«) oder Regenschirme (Gleichklang mit »auseinandergehen«) verschenken. Vor dem Betreten von Privatwohnungen ist es üblich, die Schuhe auszuziehen.

Einreise

Für einen Aufenthalt bis zu 90 Tagen benötigen EU-Bürger und Schweizer einen noch mind. 6 Monate gültigen Pass und ein bestätigtes Weiter- bzw. Rückflugticket. Das 90-Tage-Visum (nicht verlängerbar) wird bei der Einreise in den Pass gestempelt. Für einen Aufenthalt von über 90 Tagen muss das Visum bei der Taiwan-Vertretung im Heimatland besorgt werden.

Elektrizität

110 V bei 60 Hz. Geeignete Adapter (Flachstift USA/Asien) sind in Taiwan schwer erhältlich.

Feiertage

› S. 45.

Fotografieren

Das Fotografieren militärischer Einrichtungen ist streng verboten. Bitten Sie Menschen vor dem Ablichten unbedingt um Erlaubnis.

Geld und Devisen

Die taiwanische Währung ist der NT (New Taiwan Dollar). Es gibt Münzen zu 1, 5, 10 und 50 NT, Scheine zu 100, 200 (selten), 500, 1000 und (selten) 2000 NT (Wechselkurse › Umschlagklappe vorne). Am besten tauscht man bei Ankunft am Flughafen. Man kann Bargeld, Euro- oder US-$-Reiseschecks mitbringen. Am flexibelsten ist man mit US-Dollar. Kreditkarten werden in Hotels, Kaufhäusern, besseren Restaurants und manchen Geschäften akzeptiert, an Geldautomaten sind Kredit- und Maestrokarten gängig.

Gesundheitsvorsorge

Besondere Impfungen sind nicht vorgeschrieben. Malaria gibt es in Taiwan nicht. Eine Hepatitis-A-Impfung wird empfohlen (www.fit-for-travel.de). Trinken Sie möglichst nur Mineralwasser in Flaschen. Obst und Gemüse vor dem Verzehr gründlich waschen.

Regelmäßig einzunehmende Medikamente in ausreichender Menge mitnehmen, gängige Medizin gibt es rezeptfrei in Apotheken. Ins Gepäck gehören: Mittel gegen Durchfall und Erkältungen, Sonnenschutz (hoher Faktor v.a. im Sommer und für die Berge) und Sonnenhut. Der häufige Wechsel zwischen klimatisierten Räumen und dem schwülheißen Wetter kann leicht zu Erkältungen führen. Beim Essen sollte man aus Hygienegründen gut besuchte Restaurants/Stände wählen.

Informationen

Broschüren, Karten und Informationen über Reiseveranstalter bestellt man (auch online) beim:

Taipeh Tourismusbüro
Rheinstr. 29, 60325 Frankfurt/M.
Tel. 0 69/61 07 43
www.taiwantourismus.de

Kleidung

In der warmen Jahreszeit genügt für draußen leichte Kleidung. Für klimatisierte Räume, die kühle Jahreszeit und Touren ins Gebirge sind Jacke oder Pullover erforderlich. Beim Wandern und im Gebirge ist festes, geschlossenes Schuhwerk ein Muss. Bei Einladungen empfiehlt sich formellere Kleidung.

Notruf

- **Polizei** 110
- **Feuerwehr/Rettungsdienste** 119

Öffnungszeiten

Kaufhäuser tgl. 10/11–21.30 Uhr, Geschäfte häufig 10–22 Uhr, einige Hypermärkte z.T. sogar 24 Std.; **Banken** Mo bis Fr 9–15.30; **Museen** meist 9 bis 17 Uhr, Mo geschlossen; Post s.u.

Post

Postämter haben Mo–Fr 8–17.30 Uhr geöffnet, in Städten z.T. auch Sa vormittags. Einige Hotels nehmen Postsendungen an. Postkarten nach Europa kosten 12 NT, Luftpostbriefe 17 NT (bis 10 g) oder 31 NT (bis 20 g).

Sicherheit

Generell ist Taiwan für ausländische Touristen, auch für alleinreisende Frauen, ein sicheres Reiseland. Die üblichen Vorsichtsmaßnahmen sollte man dennoch beachten.

Telefon und Internet

Münztelefone gibt es kaum, dafür Kartentelefone, die mit speziellen Telefon- und Chipkarten funktionieren. Für Auslandsgespräche gibt es in Convenience Stores Discountkarten.

Für Ihr **Handy** *(schŏudschī)* oder **Smartphone** (GSM-Netz wie Europa; Handynr. beginnen mit 09-) können Sie am Flughafen oder bei Mobilfunkanbietern eine Prepaid-SIM-Karte kaufen (z.B. myfone oder Chunghwa Telecom).

Nützliche **Apps** (Android/Apple): Tour Taiwan (Infos zu Reisen im Land), MOTA (für Taipeh), Time for Taiwan (kurze Reisevideos), TownABC-Taiwan (Ortsnamen auf Chinesisch mit Umschrift) und meetrip (Guides mit Fremdsprachenkenntnissen).

Internationale Vorwahlen:

- Taiwan 00886
- Deutschland 002-49 oder 009-49
- Österreich 002-43 (009-43)
- Schweiz 002-41 (009-41)

Internetcafés sind weitverbreitet, v.a. in der Nähe von Universitäten. Viele Hotels haben Anschlüsse im Zimmer oder im Business Center.

Toiletten

Kostenlose Toiletten in öffentlichen Einrichtungen wie U-Bahn-Stationen o.ä. Klopapier unbedingt in den Eimer!

Urlaubskasse	
Becher Kaffee	1–2,50 €
Softdrink	ca. 1,00 €
Glas Bier	1,50–2,50 €
Bratreis/Rindfleischnudeln	2,50 €
Taxifahrt (ca. 5 km)	4,00 €
Mietwagen (Kleinwagen)	ab ca. 60 € pro Tag
Mietwagen mit Fahrer	ab ca. 150 € pro Tag

Trinkgeld

Ist in Taiwan generell unüblich. Nur Gepäckträger (am Flughafen und in Hotels) erwarten etwa 50 NT. In besseren Restaurants und Hotels werden 10 % für Service aufgeschlagen.

Visitenkarten

Für geschäftliche oder akademische Kontakte braucht man Visitenkarten. Sie werden mit beiden Händen gehalten, mit der Schrift zum Empfänger und mit einer leichten Verbeugung übergeben; ebenso werden sie mit beiden Händen angenommen.

Wirtschaftsförderung

Anlaufstellen für geschäftliche Kontakte sind die **Taiwan Trade Centers** in Düsseldorf und München, in Taiwan das Deutsche Wirtschaftsbüro in Taipeh (www.taiwan.ahk.de), die österreichischen und Schweizer Vertretungen (› S. 138) oder die **European Chamber of Commerce Taipei** (www.ecct.com.tw). Auf taiwanischer Seite findet man Kontakte unter www.taiwantrade.com.tw oder www.taitra.org.tw.

Zeit

MEZ +7 Std.,
bei europäischer Sommerzeit +6 Std.

Zoll

Die Einfuhr von Waffen, Drogen und gefährlichen Gütern ist verboten. Für den Schmuggel großer Mengen von harten Drogen kann die Todesstrafe verhängt werden.

Zollfreie Einfuhr pro Person: 1 l Alkohol, 25 Zigarren, 200 Zigaretten/500 g Tabak, Bargeld max. 40 000 NT bzw. im Gegenwert von 5000 US$. Gold bis 62,5 g zollfrei, Waren bis 20 000 NT. Die Ausfuhr über 100 Jahre alter Antiquitäten ist verboten. Bei Wiedereinreise ins Heimatland sind Geschenke bis 430 € bzw. 300 CHF zollfrei.

Register

Bildnachweis

Alamy/Thomas Cockrem: U2-Top12-3; Alamy/Vipula Samarakoon: 8; Bildagentur Huber/Picture Finders: 33; Sheng-Ching Chang: 86, 87; Fotolia/Yiongmao: U2-Top12-10; Konstantin Hepp: 20; iStockphoto/Mach Kazu: 93; iStockphoto/ufuk zivana: 30; Wolfgang Kleinbach/Brigitte Studt: 131; laif/ChinaFotoPress/Liu Jianfeng: 19; laif/hemis.fr/DOZIER Marc: U2-Top12-11, 52, 80; laif/hemis.fr/Franck Guiziou: 67; laif/Hub: 37; LOOK-foto/age fotostock: 5; LOOK-foto/Don Fuchs: 106; LOOK-foto/Per-Andre Hoffmann: U2-Top12-12, 6, 27, 110, 133, 137; LOOK-foto/Florian Stern: U2-Top12-5, U2-Top12-8; Richard Matheson: U2-Top12-7, 2-1, 13, 38, 40, 44, 114, 118, 121; mauritius images/Alamy: 64, 97; mauritius images/imagebroker/Norbert Eisele-Hein: 134; mauritius images/Jose Fuste Raga: 59, 63; Taipei Tourism Office: 15, 25, 35, 62, 71, 73; Taiwan Tourism Bureau: U2-Top12-1, U2-Top12-4, U2-Top12-6, U2-Top12-9, 2-2, 2-3, 11, 22, 23, 26, 47, 54, 89, 91, 100, 105, 125, 126; Sonja Wagenbrenner: 98, 128; Günter Whittome: U2-Top12-2, 21, 24, 50, 74, 77, 79, 102, 108.

Polyglott im Internet: www.polyglott.de

Impressum

Wir freuen uns, dass Sie sich für einen Reiseführer aus dem Polyglott-Programm entschieden haben. Auch wenn alle Informationen aus zuverlässigen Quellen stammen und sorgfältig geprüft sind, lassen sich Fehler nie ganz ausschließen. Wir bitten um Verständnis, dass der Verlag dafür keine Haftung übernehmen kann. Ihre Hinweise und Anregungen sind uns wichtig und helfen uns, die Reiseführer ständig weiter zu verbessern. Bitte schreiben Sie uns:
GVG TRAVEL MEDIA GmbH, ein Unternehmen der GANSKE VERLAGSGRUPPE
Redaktion Polyglott, Harvestehuder Weg 41, 20149 Hamburg, redaktion@polyglott.de

Wir wünschen Ihnen eine gelungene Reise!

Herausgeber: GVG TRAVEL MEDIA GmbH
Redaktionsleitung: Grit Müller
Autoren: Günter Whittome
Redaktion: Bintang Buchservice GmbH, Berlin
Lektorat: Barbara Kreißl
Bildredaktion: GVG TRAVEL MEDIA GmbH, Ulrich Reißer und
Bintang Buchservice GmbH, Berlin
Layout: Ute Weber, Geretsried
Titeldesign-Konzept: Studio Schübel Werbeagentur GmbH, München
Karten und Pläne: Theiss Heidolph, Sybille Rachfall und
Kartografie GVG TRAVEL MEDIA GmbH, Hamburg
Satz: Bintang Buchservice GmbH, Berlin, und Ute Weber, Geretsried
Druck und Bindung: Stürtz Mediendienstleistungen, Würzburg

Überarbeitete Auflage

Printed in Germany
Dieses Buch wurde auf chlorfrei gebleichtem Papier gedruckt.
978-3-8464-0886-5

PEFC
PEFC/04-31-1404

Mini-Dolmetscher Chinesisch

»¯« über einem Vokal steht für den ersten (gleichbleibend hohen) Ton.
»´« steht für den zweiten (ansteigenden) Ton.
»ˇ« steht für den dritten (tiefen) Ton.
»`« steht für den vierten (fallenden) Ton.

Guten Tag (allg.)	你好。[*ní hău*]
Auf Wiedersehen!	再見！/拜拜！[*dsài djiän/bài bài*]
Wie geht's?	你好嗎？[*ní hău ma*]
Danke, gut.	謝謝，很好。[*ßià ßiä, hén hău*]
Ich heiße …	我叫 … [*wŏ djiàu …*]
hier	這裡 [*dschè li*]
dort	那裡 [*nà li*]
geradeaus	一直走 [*ī dschŏ dsŏu*]
gestern	昨天 [*dsuó tiän*]
heute	今天 [*djīn tiän*]
morgen	明天 [*míng tiän*]
Sprechen Sie Englisch?	您會講英文嗎？[*nín huèj djiăng ingwén ma*]
Ich bin Deutscher, Österreicher, Schweizer	我是德國人、奥地利人、瑞士人。[*wŏ schì déguó rén, àodìlì rén, ruèjschì rén*]
Ich verstehe nicht.	我不懂。[*wŏ bù dŭng*]
Sagen Sie es bitte noch einmal.	請您再說一遍。[*tjĭng nín dsài schuō í biān*]
…, bitte.	請… [*tjĭng …*]
danke	謝謝 [*ßiäßiä*]
Keine Ursache.	不客氣 [*bú kètji*]
was	甚麼 [*schéme*]
wer	誰 [*schéj*]
wo	在哪裡 [*dsài năli*]
wohin	到哪裡 [*dàu năli*]
wie	怎麼 [*dsĕme*]
wie viel	多少 [*duōschău*]
wann	甚麼時候 [*schéme schíhou*]
wie lange	多久 [*duō djiŏu*]
Wie heißt das?	這叫甚麼？[*dschè djiàu schéme*]
Wo ist … ?	… 在哪裡？[*…dsài năli*]
Können Sie mir helfen?	您能不能幫助我？[*nín néng bù néng bāngdschù wŏ*]
ja	是的 [*schì de*]
nein	不 [*bù*]
Entschuldigen Sie.	對不起。[*duèj bù tjĭ*]
Ich möchte …	我要… [*wŏ jàu…*]
Wo ist die Toilette?	洗手間在哪裡？[*ßĭschŏudjiān dsài năli*]

Sightseeing

Gibt es hier eine Touristeninformation?	這裡有沒有旅遊服務中心？[*dschèli jŏu méj jŏu lŭjóu fúwù dschūngßīn*]
Haben Sie einen Stadtplan?	您有沒有市區地圖？[*nín jŏu méj jŏu schìtjū dìtú*]
Welche Sehenswürdigkeiten gibt es hier?	這裡有哪些景點？[*dschèli jŏu năßiē djíngdiăn*]
Wann ist … geöffnet?	… 甚麼時候開？[*… schéme schíhou kāi*]
Museum	博物館 [*bó wù guăn*]
Tempel	廟 [*miàu*]
Palastmuseum	故宮 [*gùgūng*]
Können Sie mir bitte ein Taxi rufen?	請您幫我叫一部計程車。[*tjĭng wéj wŏ djiàu ī bù djì tschéng tschē*]

Unterwegs

Wo gibt es … ?	哪裡有…？[*năli jŏu…*]
Wie viel kostet das?	這個多少錢？[*dschège duōschău tjián*]
Wo kann ich Geld wechseln?]	哪裡可以換錢？[*năli kéjĭ huàn tjián*]
Geben Sie mir bitte …	請您給我… [*tjĭng géj wŏ…*]
Wo kann ich telefonieren?	哪裡可以打電話？[*năli kéjĭ dă diànhuà*]
Wo kann ich eine Telefonkarte / Pre-paid-Karte kaufen?	哪裡可以買電話卡 / 預付卡？[*năli kéjĭ măi diànhuàkă / ŭfùkă*]
Ich brauche einen Arzt.	我要看醫生。[*wŏ jàu kàn īschēng*]
Rufen Sie bitte einen Krankenwagen / die Polizei.	請您叫救護車 / 警察。[*tjĭng nín djiàu djiùhùtschē / djĭngtschá*]
Restaurant	餐廳 [*tsāntīng*]
Nachtmarkt	夜市 [*jèschì*]
Die Speisekarte, bitte.	請給我看菜單。[*tjĭng géj wŏ kàn tsàidān*]
Frühstück	早餐 [*dsău tsān*]
Mittagessen	午餐 [*wŭ tsān*]
Abendessen	晚餐 [*wăn tsān*]
Ich möchte bezahlen.	我要買單 [*wŏ jàu măi dān*]
Hotel	旅館 [*lŭguăn*]